उदिता

अभिव्यक्ति का संघर्ष

उदिता

अभिव्यक्ति का संघर्ष

शमशेर बहादुर सिंह

वाणी प्रकाशन

वाणी प्रकाशन
4695, 21-ए, दरियागंज, नयी दिल्ली 110 002

शाखा
अशोक राजपथ, पटना 800 004

फ़ोनः +91 11 23273167 फ़ैक्सः +91 11 23275710

www.vaniprakashan.in
vaniprakashan@gmail.com
editorial@vaniprakashan.in
sales@vaniprakashan.in

UDITA : ABHIVYAKTI KA SANGHARSH
by Shamsher Bahadur Singh

ISBN : 978-93-5229-319-3

Poems

प्रथम संस्करण 1980
द्वितीय संस्करण 2016
मूल्य : ₹ 225

हर्ष प्रिंटर्स, दिल्ली-110 093 में मुद्रित

वाणी प्रकाशन का लोगो मक़बूल फ़िदा हुसेन की कूची से

उदिता-जोया, कुट्टपुट्टू, मुन्नी बोबोजी–

पता नहीं तुम्हें अब याद भी है : वो कब की बात होगी? सन् अड़तालीस शायद। जबलपुर। अचानक मेरे मुँह से निकल पड़ा था–'समझ में नहीं आता क्या नाम रखूँ संग्रह का!' कि तू झट-से बोल उठी थी–'मेरा नाम रख दो!' मैं अवाक्। ऐसा बेझिझक सुझाव! पर उसी क्षण उसके अर्थ की सार्थकता भी मन में कौंध गयी थी–यानी : एक नयी प्रतिभा के उदयकाल की रचना : अर्थात्–उदिता! ठीक तो है। भई वाह! कभी-कभी कैसे अचानक, अनबीते, क्षण मात्र में कठिन समस्याएँ हल हो जाया करती हैं।

आज बत्तीस ...साल हो गये उस बात को। वह सारा पारिवारिक माहौल आँखों में घूम गया है। साथ में इलाहाबाद और बनारस भी। सब फिर सजीव-साकार हो गया है... जिसमें, एक तरह से मामाजी के मौन प्रोत्साहन की छाया में मेरे गद्य और पद्य को (थोड़ी-सी चित्रकारी को भी) मुक्त अभिव्यक्ति का बल मिला था। मामाजी कला का मर्म कितनी सूक्ष्मता और खूबसूरती से समझते थे। वह उनका क़लन्दराना मिज़ाज, बेनियाज़ी, उदार दूररस दृष्टि और तबीयत का खरापन, बेहद सच्चापन। सच्ची कला की मार्मिक पहचान। वह उनका ज़ौक़, सुरुचि : उस्तादों के नफ़ीस शेर और मिस्रे जो वक़्तन-फ़वक़्तन उनकी ज़बान पर आ जाते थे; जिनकी ज़मीनों पर कुछ ग़ज़लें उनके परोक्ष संकेत और आशीर्वाद से मैंने लिखीं। इसलिए, मुन्नी,

यह संग्रह
मैं श्रद्धासहित उस पारिवारिक माहौल के दोनों मंगलमय प्रतीक
प्रसन्नात्मा वात्सल्यमयी मा-तुल्य श्रद्धेया मामीजी
स्वर्गीया श्रीमती कमलादेवी चन्द
व
असामान्य प्रतिभा के धनी अत्यन्त ममताशील
स्वर्गीय मामाजी श्री लछमीचन्दजी की पुण्य स्मृति को
अर्पित कर रहा हूँ।

–शमशेर

यह संस्करण

मैं कई बार मिट चुका हूँगा;
वर्ना इस ज़िन्दगी की इतनी धूम!

'उदिता' का सन्' 49-50 वाला संग्रह (जो तब कुछ अनिवार्य कारणों से छप नहीं सका था) बड़ा था, कोई 200 पृष्ठों का। अगस्त' 47 तक की कविताएँ उसमें थीं। बिल्कुल आरम्भ यानी सन्' 41 से पहले की बहुत ही कम कविताएँ उसमें थीं। शायद कोई नहीं। (ये प्रस्तुत संस्करण में मिल जायेंगी।) बन्धुवर श्री जगदीश अग्रवाल अपने उदयन प्रेस से उसको प्रकाशित करने के लिए दो-तीन साल से प्रतीक्षा में थे। वह मेरे विशेष रंग और शैली से आकृष्ट होने वाले शायद पहले व्यक्ति हैं। दूसरे व्यक्ति और महत्त्वपूर्ण आलोचक मित्र जिनके सम्पर्क में आकर मेरे कवि ने निश्चित रूप से मार्क्सवादी दिशा पकड़ी श्री शिवदान सिंह चौहान हैं। उन्हें खास तौर से मेरी कविता "लेकर सीधा नारा" आज भी उतनी ही पसन्द है जितनी शुरू में थी। 'हंस' में, उनके काल में और बाद में श्री अमृतराय के सम्पादन में, मेरी कविताएँ बराबर छपती रहीं। उस ज़माने में मैंने अपनी घोर वैयक्तिक अनार्किक भावुकता, रोमानी आदर्शवाद आदि से रचनात्मक संघर्ष शुरू कर दिया था, और मार्क्सवादी मॉडल प्रबल रूप से मुझे अपनी ओर खींच रहे थे। उर्दू कविता का शानदार प्रगतिशील उभार भी प्रभावित कर रहा था। धीरे-धीरे, मगर काफ़ी धीरे-धीरे कुछ परिवर्तन आया। पर मेरी असली ज़मीन तो रोमानी ही थी, रोमानी ही बनी रही; जिसमें इक़बाल और शेली का आदर्शवाद और निराला और रवीन्द्रनाथ के छायावादी या रहस्यवादी अद्वैत की छाया भी कहीं-न-कहीं शामिल थी। इस प्रकार उन दिनों बहुत से प्रभाव मेरे भावुक व्यक्तित्व को ढाल रहे थे। मगर मैं अपने कवि को मात्र उन प्रभावों का पुंज नहीं मानता। प्रभाव सभी कवियों और कलाकारों पर पड़ते हैं। और अब भी कुछ कवियों के गहरे प्रभाव मुझ पर पड़ रहे हैं। मेरी अपनी एकान्त, और शायद गहरी, अनुभूतियाँ और संघर्ष की यातनाएँ भी आख़िर कुछ अपनी

ज़मीन कविता में रखेंगी ही...यातनाएँ, जो कला और भावना की ही दुनिया का विशिष्ट पाथेय थीं। भौतिक अभावों का मुझे कभी गिला नहीं रहा : कारण कि, काफ़ी समृद्ध परिस्थितियों को छोड़-छाड़ के मैंने स्वयं ही एक स्वतन्त्र कलाकार का जीवन अपने लिए चुना था; और फिर अकेला भी था। अतः गिला किससे? शिकायत मुझे हमेशा केवल अपने कलाकार कवि से रही है—और अब भी बहुत है; मगर अपने अर्थोपजीवी से नहीं। अब सोचता हूँ ये सब अक़्लमन्दी की बातें नहीं थीं। बहरहाल, अकेले और एकान्त जीवन का आदी हो गया था। कई मानों में मेरी दुनिया सबसे अलग थी... और रही है। मसलन् मैंने कभी कोशिश नहीं की, कि मेरी चीजें छपें या लोग उन्हें पढ़ें ही पढ़ें। हाँ यह भी है, कि आरम्भ में बरसों तक सम्पादकों या प्रकाशकों की कोई विशेष रुचि भी नहीं थी मेरे साहित्यिक क्रियाकलाप में। दोस्तों की बात अलग है। बेसिक स्थिति, **अन्दर से**, इन व्यवस्थाओं में, अब भी वही है। तो ख़ैर। मेरा अपना स्वर सच्चा रहे, बस इतनी ही मेरी चिन्ता थी; और मुझे किसी से कोई लेना-देना नहीं था (न है।) अगर मेरी वाणी में इन्सान का दर्द है—छोटा-सा ही दर्द सही, मगर सच्चा दर्द. ..भावुकता, ललक, आकांक्षा, तड़प और आशा, कभी घोर रूप से निराशा भी लिये हुए, कभी उदासी, कभी-कभी उल्लास भी...एक प्रेमी कवि कलाकार, एक मध्यवर्गी भावुक नागरिक का, जो मार्क्सवाद से रौशनी भी ले रहा है और सांस्कृतिक और धार्मिक विविध परम्पराओं में अपनी नैसर्गिक शक्ति और ऊर्जा के स्रोत भी (अपनी सीमा में अपनी शक्ति भर) तलाश कर रहा है : एक ऐसा व्यक्ति जिसको सभी देशों, सभी धर्मों और सभी भाषाओं और साहित्यों से प्यार है और सबसे अपने दिल को जोड़ता है [प्रेम की भावुकता ने जो बीज बोया वह मैं देखता हूँ कि अकारथ नहीं गया : क्योंकि पूरी मनुष्य जाति से प्रेम, युद्ध से नफ़रत और शान्ति की समस्याओं से दिलचस्पी—ये सब बातें उसी से धीरे-धीरे मेरे अन्दर पैदा हुईं : मैंने उन दिलचस्पियों का क्या बनाया ...कुछ काम की चीजें मैं सिरज सका या नहीं, यह अलग सवाल है—और उसे आलोचकों पर ही छोड़ना बेहतर] ...तो, अगर उपयुक्त तमाम सूत्रों के साथ मैं इन्सान से जुड़ता हूँ, तो मेरे लिए फ़िलहाल इतना काफ़ी है। मैं एक बहुत कामियाब कवि शायद नहीं बन पाया हूँ, लेकिन सम्भवतः एक genuine कवि अपने आपको कह सकता हूँ। अगर यह ठीक है तो मेरे लिए सन्तोष की बात कम नहीं।

अपनी खामियों से जितना मैं अवगत हूँ उतना कौन होगा और आखिर हो भी कैसे सकेगा—उतना? और 'उदिता' की कविताएँ मेरे भावुक और संघर्षशील दौर की कविताएँ हैं और आगे की कुछ कविताओं का पेशख़ीमा भी। इस दौर

की कविताओं में से एक अच्छी संख्या मेरे दूसरे संग्रहों-संकलनों में भी प्रकाशित हो चुकी हैं। जिन्हें मेरी रचना से दिलचस्पी है, उन्हें, उम्मीद है, मेरी प्रतिभा के आरम्भिक झुटपुटे में भी आकर्षण महसूस होगा। कवियों की तरह पाठकों का भी मिज़ाज अलग-अलग होता है। जबकि बहुत-से पाठकों का मैं निजी कवि हूँ या हो सकता हूँ, बहुतों का नहीं भी हूँगा। यह तो निश्चित रूप से कह सकता हूँ कि आज से 30-40 साल पहले जहाँ मैं पाठकों के बीच अपने आपको एकाकी-सा महसूस करता था, वहाँ आज मुझे उनसे काफ़ी हार्दिकता और बल मिलता है। आज मैं वास्तव में उनमें से बहुतों का अपना निजी कवि—उनके अपने निजी कवियों में से एक—हूँ, ऐसा मैं महसूस करता हूँ। उम्मीद है ये पृष्ठ भी हिन्दी आधुनिक काव्य साहित्य के प्रेमियों और विद्यार्थियों को दिलचस्प ही नहीं, सार्थक भी लगेंगे।

23 सितम्बर, 1980 ईसवी —शमशेर बहादुर सिंह

जी 3/28 मॉडल टाउन, दिल्ली—110009

अनुक्रम

कविताएँ

एक पत्र 15
मैं भारत गुण-गौरव गाता 19
कवि-कला का फूल हूँ मैं 20
आज हृदय भर-भर आता है 23
नव कवि का आह्वान 25
वाणी 28
सहन्-सहन् बहता है वायु 30
सजल स्नेह का भूषण केवल 31
साथ, सम, शान्त 32
कितनी करुणा का सागर 33
आह्वान 34
कमरे में आया 35
आधी रात 36
दो स्टैंज़ा 37
शरबत-सी आँखों की बानी 38
उपेक्षिता 39
स्थिर है शव-सी वात 40
नील शिखर पर 41
आज मई की शाम अकेली 42
फिर भी क्यों 44
प्रेम 46
कौन बुलाता मेरे पथ से मुझको 47
घिरते आकाश को 48
मौन राग ही 49
मृत्यु का प्रस्तर खण्ड 50
मकई से वे लाल गेहुँए तलवे 51
बरस कर थमती न/आँसुओं की धाऽरा 52
'निशा निमंत्रण' के कवि से 53
जब उस कवि के 54
जगा-सा थका-सा मन मेरा 55

शाम की मटमैली खपरैल 56
चिड़िया-सा छिपा-लुका मेरा मन 57
पागल का गीत 58
ज्योति 59
प्राण बने आज एक गान 60
मेरा झूठा मान 61
कहाँ हवा में तैर गये हैं कान 62
मैंने मुँह फेर लिया 63
वह भी दिन एक था 64
कर्म करो 65
बार-बार मन चाहता है 66
जब वह क्षण आयेगा 68
आज के दिन 69
लहरें/शाम/वह नगर 70
नव सूर्य 72
उठती हैं मतवाली 73
बसती पार एक नारी प्रिय 74
ओ मा शक्ति 75
एक मुझी से मन खोल 77
बोलो,—आकाश...क्यों मलिन 78
लुटी—मीठी बाँसुरी की धुन 79
तुम्हें तो 80
गायें 81
इन्दु विहान 82
ऋतुओं के पार आज 83
जीवन की कमान 85
भारत की आरती 86
नशा 87
शशि बक़ाया की याद में 89
हमारे सिवा इनका रस कौन जाने! 91
मर्कज़1 92
मार्क्सवाद 94

ग़ज़लें

ये शोख़ चाल तेरी काफ़िराना मस्ताना! 97
लिखा है मुक़द्दर में, दर-दर की दुआ माँगो! 98
ईमान गड़बड़ी में है दिल में हैं दिल के हिसाब में। 99
मैं गया, आप क्यों हुए मग़मूम? 100
अपने दिल का हाल, यारो, हम किसी से क्या कहें; 101
अन्दाज़ा ही बहक न गया था निशाँ के पार 102
सीधे अपने पाठक से (सन् 1949 में अप्रकाशित उदिता की भूमिका) 103

कविताएँ

एक पत्र

(बन्धुवर जगदीशजी* के नाम)

जब कि तुम पहले पहल!, जगदीश,
कला के गुह्यान्तरों के पार
मिले,
गूँज थी आकाश में केवल अस्फुट :
गद्य के आवरण में टूटा हुआ था काव्य
बहुत टूटा हुआ-सा था
स्वयं जीवन के समान।

मौन था अति मुखर। केवल
मौन ही था काव्य। विराम
गद्य का,
लय।
मर्म ही था छन्द मेरा।

और युग लिखता गया इतिहास अपना :

सन् बयालिस...और वह
आज़ाद हिन्द फ़ौज का
उत्थान...वह बंगाल-काल...
वीर नाविक सैनिकों का

*सन् '50 में 'उदिता' को श्री जगदीश अग्रवाल ही प्रदीप प्रकाशन, वाराणसी से प्रकाशित कर रहे थे, कि अचानक कारोबार को धक्का लगा। पाण्डुलिपि भी गयी।—उसी की यह नयी छाया—कहीं उससे कम कहीं अधिक—यह नयी 'उदिता' प्रकाशित हो रही है; और उसी 'एक पत्र' से प्रस्तुत वाणी संस्करण का भी श्रीगणेश होता है जिससे प्रदीप संस्करण का होता, यदि वह छपता।—श.।

साम्राज्य-विरोध...वह
विद्यार्थियों का अमर कलकत्ता—
शहीदों का नगर...
आश्टी-चीमूर...वायालेर...
वह कश्मीर आन्दोलन...
हम मिले दो तीन बार उस बीच
बम्बई में, जहाँ उदयन प्रेस तुम्हारा था,
और घटनाओं घिरा यह देश, जिनके बीच
सारी भावनाओं का समुद्र
दोलता था...

शिमला और दिल्ली :
कांग्रेस औ लीग...
क्रिप्स की वह कूटनीतिक विजय...
माउंटबैटन की सफलता...
हिन्द के दो खण्ड...खंग राज्य!
देश में शरणार्थियों का जन्म :
धर्म संस्कृति लोकतन्त्र परम्परा की आत्महत्या :
भारतीय चरित्र की इतिश्री :
एक हरिजन महात्मा गांधी शहीद...
एक हिन्दू गोड्से का न्याय!...
एक कामनवैल्थ में हम
और फ़ासिस्टी दमन...औरतों पर गोलियाँ...
विकट महँगाई...दफ़ाएँ जन-सुरक्षा की...
आदि...
एक युग लिखता गया इतिहास अपना
...और हम जीवित रहे। उदयन कहाँ
रुल गया? और 'उदिता'?...

मलिनतर था स्वास्थ्य : आज भी, क्षीण सम्बल में
खोया हुआ-सा हूँ : छन्द से बाहर
पंगु मानो, भावना से रहित—

शून्य। एक परिचय में सभी कुछ हूँ
या कहीं कुछ भी नहीं। देहरा हो
या मुरादाबाद, बम्बई हो या प्रयाग।
मैं नहीं कहता कि दे मुझको प्रकाश—
मोल ले यह भैरवी कोई!
एक जीवन की कथा तो पूर्ण है...
पूर्ण है, फिर क्या!

× × ×

आज फिर से हम नये आवास में हैं
नया ही उद्योग मानो,
नया जीवन, नयी मृत्यु!
इस नये युग में नवीन
परम्परा...नवीन सुख,
नवीन वेदनाओं का
नवीन सुख-तन्त्र!

× × ×

आप अब तक खड़े हैं जिस दोपहर में
ढल चुकी वह!
आप जिसकी तान हैं वह गूँज
हो चुकी लय;
सुन चुके हम वह कथा जो
मर्म कल तक थी हमारा।

× × ×

आज बाँहें हैं
मुदित यौवन की
नये मानव के गले में हम
नये ही उत्कर्ष के
संघर्ष में गतिशील!
हम नये इतिहास का पहला वरक़ हैं।

नयी प्रातःकाल से परिचित
नये मूल्यों का प्रकाश! हम
कई देश, कई संस्कृतियाँ, कई इतिहास, आज
एक हो रहे हैं : आज कोई
नयी पुस्तक, नया गीत, नया ही स्वर है।
हम लोग!

देश-देश
लोक-लोक

शान्ति के संघर्ष में रक्तिम!
नया मानव अरुणमुख है।

प्रथम वेला शान्ति के दिग्विजय की है।

(1948)

मैं भारत गुण-गौरव गाता

मैं भारत गुण-गौरव गाता!
श्रद्धा से उसके कण-कण को
उन्नत माथ नवाता।

प्रथम स्वप्न-सा आदि पुरातन,
नव आशाओं से नवीनतम,
प्राणाहुतियों से युग-युग की
चिर अजेय बलदाता।

आर्य शौर्य धृति, बौद्ध शान्ति द्युति,
यवन कला स्मिति, प्राच्छ कर्म रति,
अमर अमित प्रतिभायुत भारत
चिर रहस्य, चिर ज्ञाता!

वह भविष्य का प्रेम-सूत है,
इतिहासों का गर्म पूत है,
अखिल राष्ट्र का श्रम, संयम, तपः
कर्मजयी, युग त्राता!
मैं भारत गुण-गौरव गाता।

(1933)

कवि-कला का फूल हूँ मैं

कवि-कला का फूल हूँ मैं
वास रंग पराग ले कर
छा गया हूँ भाव-जग मेंः—
भूलता है कवि हृदय तो
कवि हृदय की भूल हूँ मैं!

प्रेम-नभ का मैं जलद हूँ
उर-मिलन के उपवनों पर,
धीर वर्षा राग हूँ मैं
विरह के सूने क्षणों में;
स्नेह-सागर पार भी
चिर मौन तट की धूल हूँ मैं!

खो गया हूँ कौन जाने
किस हृदय की मधुरिमा बन,
पा गया हूँ कौन क्षण
विश्वात्मा में पैठ, स्मिति बन :
ज्ञात केवल, स्पर्श-रस पा
चिर रहस्योन्मूल हूँ मैं!

मैं दुखी आषाढ़-घन-सा
बरस कर भू में समाता;
मैं विहर मधु-प्रात की
सुख-धूप-सा खिलता, हँसाता :
वर्ष हूँ भ्रमते जगत में,

नव-रसों का मूल हूँ मैं।
तप चुका हूँ उदयगिरि के
ज्वलित उर पर स्वर्ण-सा मैं;
गल चुका हूँ, बह चुका हूँ
पूर्णिमा में कवि-हृदय-सा।
आज सरिता हूँ, समीरण हूँ,
प्रभा का कूल हूँ मैं।

पूर्ण यौवन की कसक हूँ;
जरा का शुभ शान्त मंगल;
हास शैशव का क्षणिक-चिर;
करुण आशा, सरल प्रेमी;
जगत में उपहास कवि का,
समय के प्रतिकूल हूँ मैं!

क्षार कर उन्मत्त वैभव,
लाल कर आशा लहू से,
एक स्वर-करवाल-ज्वाला से
हृदय को फूँकता हूँ :
सान्ध्य-जीवन के ज्वलित
कंदील-उर की तूल हूँ मैं!

मृत्यु के वर नील
वक्षालिंगनों में सो चुका हूँ,
स्वप्नशून्याधर हिमा के
चूम आया हूँ विवश-उर :
चार दिन के विवश जीवन में
उसी की शूल हूँ मैं।

क्यों हुआ प्रेमी निराला?
प्रश्न है, मैं क्यों हुआ कवि?
जगत में सिकतांक-उर-बुद्बुद—

भला क्या आश उसकी!
प्रस्वरित है क्षीण सागर :
किन्तु उसकी हूल हूँ मैं!
यह हृदय अपना नहीं है,
यह व्यथा अपनी नहीं अब;
प्राण किसके हो गये हैं,
सुधि हमें इसकी नहीं अब।
पर किसी की प्रेरणा के गर्व के
अनुकूल हूँ मैं!

आज वासन्ती उषा में
रँग लिये है पंख अपने!
इन्द्र-धनुषी घन-पथों से
हंस उड़ता जा रहा है!
अश्रु-मुक्ता-माल स्वर हैं,
कल्पना निःस्थूल हूँ मैं!

(1937)

आज हृदय भर-भर आता है

आज हृदय भर-भर आता है,
सारा जीवन रुक-सा जाता;
वह आँखों में छाये जाते,
कुछ भी देख नहीं मैं पाता!

कौन पाप हैं पूर्वजन्म के
जिनका मुझको फल मिलता है?
मैंने नगर जलाए होंगे
जो मेरा सब तन जलता है!

पथ नदियों के मोड़े होंगे,
देश-देश तरसाया होगा;
विकल सहस्र मीन-सा तब तो
यह पापी मन पाया होगा!

अनगिनती हृदयों की बस्ती
मैंने आह उजाड़ी होगी :
तब तो इतनी सूनी मेरे
प्राणों की फुलवाड़ी होगी!

अपने लघु जीवन में कैसा
छवि का निर्दय स्वप्न बसाया,
जो सब कुछ हो स्वप्न गया है
मुझे बनाकर अपनी छाया!

घेर-घेर लेती हैं मुझको
कैसी पतझर की-सी आहें?
बरसे आँसू का धुँधलापन
रोक रहा है उर की राहें।

कितने करुणा के बादल हैं
मेरी काल-क्षितिज से बाहर
जिनकी शीतल गति की छाया
कभी-कभी पड़ती है मुझ पर!

उठता सुख से सिहर मरुस्थल
मेरे उर का,—दो कण पाकर
उस सुषमा की छाँह निमिष का
जिसमें अस्फुट-सा आशा-स्वर!

इस प्रकार कितनी आशाएँ
छोड़ गयीं निज शान्त प्रतिस्वर,
कितने प्रश्न हो गये उत्तर
मौन हृदय में ही उठ-उठ कर!
. . . .

आज न जाने किसको खोकर
धन्य हुए हैं प्राण पुजारी!
रुकती है तम की लहरों पर
यह जीवन आरती हमारी!

आदि सत्य के मौन कठिनतम!
सुन्दरता के ध्यान-रूप-लय!
चिर निर्ममता से ढक लो यह
मेरा चिर आकर्षण का भय!

तुम पाषाण हुए हो, सुन्दर,
युग-युग तुम को शीष नवाएँ!
आगत के चिर आत्म-समर्पण
मानव-उर के दीप दिखाएँ!

(1937)

नव कवि का आह्वान

सारी दुनिया भीग रही है,
नये-नये हैं बादल।
वह कोना ख़ाली है, देखो,—देखो!
सिर पर हैं यह स्मृतियों के दल के दल!
साधु बताओ! संत बताओ!
पी हैं, ऐसी बूँदें पी हैं!
—घूम-घूम कर, गरज-गरज कर
इनकी सागर लहरी
पागल कवि के उर में
हाँ, हाँ, बरसा की हैं!

आह, प्रेम-घन! वह आनन्द नहीं है
जोगी हो जाने में,
जो कुछ खो कर पा जाने में
अपने अन्दर ही है!

खोलो अपना अन्तर्द्वार;—
रमा हुआ है, घुटा हुआ है
यहाँ युगों का पावस धुआँधार!
जहाँ चमकते
विद्युज्ज्वाल-शिला के नगर बसे हों;
प्राणों के डगमग शिखरों पर
पूर्ण अतंद्र व्योम के नर्तन;
शत-शत लक्ष सूर्य से जगमग

चिर अनादि से जहाँ हँसे हों :
बरस रहा हो सृष्टि-सृष्टि का वैभव;
टूट रहे हों व्योम-व्योम के वक्ष!
स्वर्गंगाओं के गजरों का हार पहन कर
हृदय प्रफुल्लित मेरा अपार हर्षित!
विश्व-हास में मृत्यु-स्कन्ध डुला कर
(उस ज्ञानेश्वर को ढुलका कर)
पागल कवि शिशु, केलि-विभोर,
कूद-कूद कर द्वन्द्व मचाता,
सब देवों को मुकुर दिखाता :
—यह अनन्त चिर-विस्मय में खो जाता!

सुनो, सुनो, वह क्षीण अपट पर
नव सावन की मृदुल घहर है!
वह, संसृतियों के भारत-से
खेल रहे हैं अगम पुरी की
शाश्वत लीला!

—देखो, वह कोना है अब भी सूना!
कवि का पागल द्वार!
उसके स्थिरतम सीपी-उर पर
बरस रही है धाराधार
अगम की वाणी—
उसके एक बिन्दु-करतल पर!

—शुष्क हिमावृत जड़ निद्रा में
जग पाषाण!
सह विस्मय की चाप कठोर
सुन यह शोर!
मसृण समिद्ध शिला-उर-दर्पण
में लख वह घनघोर
वज्रायुध की जीवन-वर्षा
जिसमें तेरे तम का शोर!
चमक विहर पागल शिशु-सा, जग!

कवि के नर्तन-पद में गिर-गिर,
अमर विभोर!
कवि की आँखों में लख,—सपना
बनता सत्य!

पागल हास विश्व का वैभव-ज्ञान!
क्षार समय सम्मान, क्षार सब कृत्य,
स्वर्ण-सार पारद-कन-अन्तर,
स्थिरतम गत्य-अगत्य;
मिथ्या सब आदान-प्रदान,
युग-युग के निर्माण;
मिथ्या, ओ जग! सब इतिहास पुराण :
जिन मन्त्रों का स्वर भर
बरस रहा वह जलधर
सर्वाख्यानोपरि वह दान!
वह चिर सावन
जीवन-प्लावन
—घिर-घिर घहर रहा है
बन विश्वात्मा का धन!

जग-पवि पुलक उठा, खो
शिथिल श्रृंखला भार,
स्वयं बन गया है वह पावन
गम-आगम जलधार!

—पार साथ कवि के यह मण्डल
घहर रहा है, हिल-मिल,
गारज्योति-नगर के नर्तन रव से
यति-मय,—
जग चिर
विहर रहा है;—सावन
के कवि-उर का माया हास :
उस छवि का दर्शन बन!

(1933)

वाणी

आज अमृत-सी वर वाणी,
उठ मेरे अन्तस्तल से,
क्या कहती है कल्याणी?

भर कठोरता अम्बर की!
कहती है वह कल्याणी :
सागर का उच्छ्वास न भर,
ले दृढ़ मृदुता अन्तर की,
शोणित प्राणों की वाणी!

कर्म कठोर बनेगा मन;
बरसेगा घिर कर गुरु घन,
विहर-विहर वन-वन मानी :—
वन-वन देश-देश घिर कर,
घन बरसायेगा पानी!

कितनी उपमाओं का मन
कितने संकेतों का प्रान्त
हर कर लायेगा वह घन
गौरव-पूरित रस में शान्त—
वह मृदु-मंगल का दानी!

देश-प्रदेश कला के घन
मूल्य बिना केवल रज-कण।
उन्हें भावना का उपहार

देकर मेरा भावुक मन
लायेगा युग अभिमानी।

कितने-कितने मानव प्राण
अपने प्राणों में लय कर
गायेगा नव-युग आख्यान
युग-युग का स्वर-अमृत भर
मेरे जीवन का प्राणी!

(1939)

सहन्-सहन् बहता है वायु

सहन्-सहन् बहता है वायु
मुक्त उसासों का स्वर भर।
सम्हल-सम्हल कर झुकती डाल :
आकुल-उर तरु का मर्मर।

रह जाते हैं सिहर-सिहर
मृदु कलिका के विस्मित गात :
बहका फिरता मधुप अधीर,
तितली अस्थिर-गति अवदात।

पागल-सा हो उठता वात।
अलसित जगती अनयन धूल।
किसकी छाया स्वप्निल श्वेत
हेर रही है क्षितिज-दुकूल?

कोई अपने सुख-दुख भूल
सूने पथ पर राग-विहीन
विस्मृति के बिखराता फूल
फिर आया है मूक-मलीन!

(1932)

सजल स्नेह का भूषण केवल

सजल स्नेह का भूषण केवल
सरल प्रेम की सुन्दरता;
छिपी मर्म-सी कोमल
उर में सहज, मिलन की आतुरता।

ओठों पर विषाद की दृढ़ता,
पलकों में आगत के प्रश्न;
साँसों में स्वर बढ़ता
करुणा का; अलकों में भावी स्वप्न।

सहसा आ सम्मुख चुपचाप
सन्ध्या की प्रतिमा-सी मौन
करती प्रेमालाप,
प्रेयसि नहीं, परिचिता-सी वह कौन?

कर्मों की छाया-सी गूढ़
मन की गोचर स्त्रीत्व अतीत,
स्नेह रही है ढूँढ़–
धूमिल-सी है यद्यपि स्नेह-प्रतीति।

मेरे अन्तर में भर जाती
केवल अपना करुणा-राग :
वह अजान सुलगाती
क्यों नव यौवन में अबोध वैराग?

(1934)

साथ, सम, शान्त

साथ, सम, शान्त;
स्वप्न-सी, सुन्दर;
सिर्फ़ दो ममियाँ।

कहाँ जगतीतल?
कहाँ नभ अमल?
कल? आज? कल?

नायकता की दो भवें
मिलीं; दो पलकें पीली;
स्थिर, सोई।

वीतराग जीवन में गहरी
भूलों की
अधर-पंखुड़ियों-सी,
मौन, सुप्त।

सिर्फ़ दो ममियाँ।
हम, तुम।

(1939)

कितनी करुणा का सागर

कितनी करुणा का सागर मैं
लेकर अपने अन्दर
मथता रहता हूँ निरुपाय :
क्यों–क्यों–क्यों?

खालीपन का शून्य
अपने अन्दर भरने–भरने–भरने
मथता रहता अपना अन्तर
क्यों–क्यों–क्यों?

मौन मृत्यु का हार
कौन मुझे पहनाने आता?
मैं तो उसे जानता नहीं :
सत्य–सत्य–सत्य!

कौन मुझे पहनाने आता
मेरा आगत भार?
छलमय हास्य–शून्य;
मृत्यु–मृत्यु–मृत्यु!

(1939)

आह्वान

आओ मेरे पिता के गाने की धुन-सी
उमंग! हड्डी-सी पुराने
युग की!

जिसमें बसा मेरी माँ का प्रेम!
आओ!
आओ भाव-स्तब्ध भरी
सन्ध्या में अलक्ष्य
                    स्वर्गंगाओं के तम-सी
यहाँ मेरे उर में!

        बदल गया ज़माना
        बदल गया तराना वो
        मेरे बीते दिनों का
        आज!–
आओ आज...
हड्डी-सी पुराने युग की :
        मेरे पिता के गाने की धुन-सी!
जिसमें बसा मेरी माँ का प्रेम!

x x x

(1940)

कमरे में आया

कमरे में आया
शाम का कोमल अँधियाला :

दीवारों पर, छत पर—चुप-चुप
कुहरे-सा काला कुछ
उदास-मन छाया।

मेरे सूने घर में
धीरे-धीरे डूबा
उसका मन।

मैं भी कहाँ कौन जाने कब
बैठा उस तम की मिट्टी में
उसके संग समाया।

(1940)

आधी रात

बहुत धीरे-धीरे
बजे हैं बाऽ राऽ...

गिना है रुक् रुक् कर मैंने
बा र ह बा र

सुनो!

अब भी वैसे ही हवा में
बा रा बज र हे हैं...

(बादल घिरे हुए रहे हैं दिन भर।)

एकाएक्
श्वान भूकने लगे!...
गा उठा बिरहा कोई दूऽर जाता पथ पर...

नीम के सन्नाटे में एकाएक जोड़ा
उल्लुओं का चीख उट्ठा—
प्रीइअ्! प्रीइअ्! प्रीइअ्!

(1938)

दो स्टैंज़ा

अरुण प्रात में सुन्दर उज्ज्वल
जिसका सूना निश्चल तारा,
एकाकीपन जिसका सम्बल—
अमा-दिवा! वह किसका प्यारा?

आज अकेले किसके प्राण?
मेरे कवि के! मेरे कवि के!
जिसने जीवन के सम्मान
फूँक दिये आँगन में छवि के!

(1938)

शरबत-सी आँखों की बानी

शरबत-सी आँखों की बानी
नयी नित अशेष पहचानी, जानी-मानी!
मिलती अन्तर्सुख में अपने—
नींद की झपकन-सी जो...
मौन, शान्त, सपने-सी वह बानी!

कहती मुझसे वह रुक कर, कुछ रुक कर,
हृद्‌गति में—वह अनागता-सी सत्य—
मेरी सुन्दर अन्तिम जन्म-सी :...

अपने स्थिर पलकों में भींच रही है
मेरी काली ज्योति :
मुझको अपने अन्दर लिखने।
बानी।

(1939)

उपेक्षिता

मैं किसी की नींद में भूली हुई क्यों
गिर गयी हूँ आज तकिया-सी किसी की,
पास भी हो कर...अलग-सी?

केश खुल कर रात के भी
                              जो मुझी-से गिर गये हैं
आह शायद
दुखी-मुख जीवन पड़ा है
                  फ़र्श पर चुपचाप उसका भी
आज सिरहाने किसी के!

और वह गहरा झुका
                  किस काल के उर पर न जाने
थका सिर आकाश का भी
                  गिर गया है आज जैसे
दुखी-मुख जीवन पड़ा है फ़र्श पर चुपचाप
                  तकिया-सा किसी का

आज
मैं किसी की नींद में भूली हुई क्यों
पास भी हो कर अलग-सी
गिर गयी हूँ
मूक तकिया-सी?

(1940)

स्थिर है शव-सी वात

स्थिर है शव-सी वात!
लटका है पश्चिम के घर में
आधा चाँद कटोरा काँसे का-सा।
सीसे की-सी नीली रात।

वह स्वप्नों की ओट
निश्चल आँखें देख रही हैं।
ठिठुरे काले पेड़ खड़े हैं मिल कर।
सूख रहे हैं मेरे होंठ।

नत जीवन का भाल।
प्रेम पड़ा है ठंडा मानव-उर का।
निद्रा तम के शून्य शिविर में
अन्धा पंगु बँधा है काल।

(1937)

नील शिखर पर

नील शिखर पर,
किसके चरण-चिह्न हैं दीप्त
नव नक्षत्र राशि से सुन्दर?—
सुरभित कर आकाश
अपनी शोभा में कर लीन
भुला रहे जो अगजग जीवन!

सूँघ रहा है काल अहिर्मन
वह छवि-पुष्प अलौकिक।
मेरा मानव-मन है विस्मय-विस्मित।

(1937)

आज मई की शाम अकेली

आज मई की शाम अकेली
मुझे मिला कर अपने उर से
गाती है यह पागल गान–

‘डूबेगा सन्ध्या का तारा!
छूटेगा जीवन का प्यारा।’

शान्त मौन रस पान कराती
काली रात सुहानी आती।

उसका हृदय सुनील गगन है,
उसका मन प्रेमी का मन है।

मुग्ध प्राण विस्मित करने को
अचला का कुछ हित करने को,
निद्रा के आँसू बिखराती,
गहन पूर्व से रजनी आती।

आज हवाएँ दुखश्रमहारी
बार-बार मुझ एकाकी को
जाने क्या आतीं समझाने!

फैला माँ के-से बालों को
घनी रात गोदी में ढँकती
मेरा यह भूला-सा जीवन!

...   .

मौन करुण स्वर पत्तों के अब
सहज विहर्ष राग में झूमें
मेरे स्वप्नों के सँग उन्मन।
मृत्यु हँसी का घूँघट खोले,
देखे मेरे शान्त सदन को—
यही शान्ति है! शान्ति यही है!

(1938)

फिर भी क्यों

फिर भी क्यों मुझको तुम अपने बादल में घेरे लेती हो?
मैं निगाह बन गया स्वयं
जिसमें तुम आँज गयीं अपना सुर्मयी साँवलापन हो।

तुम छोटा-सा हो ताल, घिरा फैलाव, लहर हलकी-सी,
जिसके सीने पर ठहर शाम
कुछ अपना देख रही है उसके अन्दर,
वह अँधियाला...

कुछ अपनी साँसों का कमरा,
पहचानी-सी धड़कन का सुख,
—कोई जीवन की आने वाली भूल!

यह कठिन शान्ति है...यह
गुमराहों का ख़ाब-क़बीला ख़ेमा :

जो ग़लत चल रही हैं ऐसी चुपचाप
दो घड़ियों का मिलना है,
—तुम मिला नहीं सकते थे उनको पहले।

यह पोखर की गहराई
छू आयी है आकाश देश की शाम।

उसके सूखे-से घने बाल
हैं आज ढक रहे मेरा मन औ' पलकें,—

वह सुबह नहीं होने देगी जीवन में!
वह तारों की माया भी छुपा गयी अपने अंचल में।

वह क्षितिज बन गयी मेरा स्वयं अजान।

(1938)

प्रेम

नींद नहीं तुम,
नींद-से हालाँकि
छा जाते हो मेरे
अवयव-अवयव पर!

तुम चेतन उम्मीद
सपनों में जगते हो,
स्वप्न नहीं तुम।

काम-वासना में तुम प्यारे प्रेम,
काम-वासना नहीं;
तीव्र तुम हालाँकि
मेरे अनुभव-अनुभव में।

तुम रस मायाविनि रजनी के,
ज्योतित रस के मधु।
अस्थिर समयों के तुम
स्थिर सौन्दर्य।

आदि पुरातन तम के
मेरे पुलकित प्राण
अभिनव-अभिनव से!

(1939)

कौन बुलाता मेरे पथ से मुझको

कौन बुलाता मेरे पथ से मुझको
उस आगत की ओर—
गये हैं जहाँ पिता मेरे,
गयी हैं माता मेरी जहाँ
और पत्नी असहाय?
बुलाता कौन मुझे दिन-रात पथों की दुनियाओं के पार?

नहीं सुनता मैं उनके स्वर,
समझता हूँ उनके संकेत,
हृदय में चुप-चुप से भी परे
अनेक-अनेक।

मैं हूँ उनका, मेरे हैं वे,
जग से दुस्तरतर सुविधान :
उनमें मेरा मान,
उनकी मुझ में चिर पहचान।

बाँट अपने जीवन को, दिया
सब कुछ मुझको!
आशाओं की सेज मिली मुझको। पर—
यह सब जाना तब, कि जब
अपने चारों ओर
याद की छाया उनकी शेष और
अपनी छाया सशरीर
अकेली मौन
देखी।

घिरते आकाश को

घिरते आकाश को ताकता हताश।
गहरे नभ में चाँद खोता जाता है :
अन्धकार
चुप-चुप हँसता आता सब ओर।

(1938)

मौन राग ही

प्रायः शान्त सरित के उर पर
नीली लहरें शान्त हवा की
शनैः-शनैः मेरी तरणी को
घेर रही हैं मौन दिशा में–
नाल-हीन नीरज तरणी को
घुमा रहीं अनजान दिशा में।

कोमल चित्रित गतिमय जीवन
एकाकी गम्भीर बिन्दु-सा
बहा जा रहा धीरे-धीरे
सुप्त अशेष अजान दिशा को।

मौन राग ही अन्तिम लय है
दुनियाओं का–यह विश्वास
खींच रहे हैं गहरे बादल
धीरे-धीरे मेरे उर में।

(1939)

मृत्यु का प्रस्तर खण्ड

मृत्यु का प्रस्तर खण्ड—काला
मौन मृत्तिका पिंड एक, मैं—
पत्रविहीन धूम्र-वृक्ष-सा जड़ तम, अमर खड़ा हूँ कहीं।

एक बुझा काला विशाल मार्तण्ड
कितने मौन युगों से डूब रहा हूँ महाशून्य में :

अस्त नहीं मुझको, न उदय है;
अन्धकारमय गति में केवल
चेतन करने को अन्तर में जग उठती-सी है कुछ ठण्ड।

(1938)

मकई से वे लाल गेहुँए तलवे

मकई-से वे लाल गेहुँए तलवे
मालिश से चिकने हैं।...

सूखी भूरी झाड़ियों में व्यस्त
चलती-फिरती पिंडलियाँ।...
(मोटी डालें, जाँघों से न अड़ें!)

सूरज को आईना जैसे नदियाँ हैं–
इस मर्दाना रानों की चमक
'उनको' खूब पसन्द।...

यह वन शिव का स्थान।
शान्त ज्योति में लय है ध्यान।
नभ-गंगा की शक्ति
सदा बरसती यहाँ।...

वस्त्र-गिरि। कमठ-कठोर।
सीधा चढ़ता, ऊर्ध्व दिशा की ओर।...

शेष नीला सूनापन।

(1940)

बरस कर थमती न/आँसुओं की धाऽरा

बरस कर थमतीऽ न/ आँसुओं की धाऽरा
तम-श्याम घन-पट—
घिरा धूँअधाऽर
थमती न जिसमें—/ आँसुओं की धाऽर!

टप-टप कब से/ सुनता मैं छजरी।
बूँद-बूँद ढुरती/ दुख की बदरी।

अविराम-अविराम/ दुखते-दुखते
चुकते हृदय में हैं शब्द।

कौन याद बिजली सी/ छिप कर दिल में
अलग-अलग/लुकती है मुझसे?

कौन नाम बार-बार बजता है सब ओर?
सजता है घनघोर अलकों का भार?

कौन बार-बार नये
आँसुओं का
देता मुझे हार?
कौन बार बार...?

(1940)

'निशा निमंत्रण' के कवि से

यह खँडहर की साँस
	तुम जिसे भर रहे हो वंशी में—
है तंग घुटी-सी सुबह
	लाल सफ़ेद सियाह!

कठिन राग है जिसे
	तुम फिर-फिर भूल रहे हो, देखो—
जो तख़्ते से लिपटी है,
	यह मरने की वह खुशी!

मत गाओ यह गीत!
	मैं बिखर पड़ूँगा पागलपन में।
ओ दूर अजान मुसाफ़िर,
	यह हँसी मरुस्थल की है!

(1938)

जब उस कवि के

जब उस कवि के
रुँधे स्वरों से
जिज्ञासा-उर खुले, खुँदे—

रक्तिम तम के
          गहन देश में
भव के पलक
मुँदे।

(1937)

जगा-सा थका-सा मन मेरा

जगा-सा थका-सा मन मेरा।
जग में सवेरा :
मेरे बन्द घर में अँधेरा।

रात बीती किसी तरह से, तो
मैंने जाना मुझे मिला दिन और–
और दिन का एक फेरा!
जग में सवेरा, ...

सहमी धूल की एक छाया मैं
जिसे आशाओं ने उड़ाया,
और छायाओं ने घेरा!–
जग में सवेरा,...

यह सुबह जो शाम सी हुई है,
मानो य' अभी हुई नहीं है,–
समय! यह कौन स्वप्न तेरा?–
जग में सवेरा...

(1940)

शाम की मटमैली खपरैल

शाम की मटमैली खपरैल
सामने मेरे कमरे के...
पड़ी वह कितनी सूनी!

शान्त अँधियाला, भारी काला-नीला, नभ में फैला
हृदय-कमल पर वह गम्भीर,

और मैं करुण रसों में धीर
खड़ा हूँ रुकी साँस-सा मौन।

(1940)

चिड़िया-सा छिपा-लुका मेरा मन

चिड़िया-सा छिपा-लुका मेरा डरा मन है,
दुबका दबा ठंड से नन्हा प्राण मेरा,
गिरा शिखर से आज उज्ज्वलतम कवि मैं,
यहीं कहीं पिछले जीवन का एक आँसू,—
अन्तिम सपना हूँ जिसमें छिना जागरण मेरा
सदैव के लिए।
वह डूब फल जो गया अतल जल में, कि था जो
ऋतु में एक केवल।

आता फिर भी खाने मुझे—
दिखलाने भय आता काल निर्दय
बहलाने आता व्यर्थ, जिलाने-मारने
मुझे अन्ततम के लिए।

(1940)

पागल का गीत

भूल कर तुमको पागल ने
जान सी पायी मानो।
साँस की उलझन में पलने
अमरता आयी मानो।
कहाँ वर्ना दुनिया की खाक
छानता फिरता दीन अवाक्
अकेला लिये तुम्हारी पाक
परम इकाई, मानो!

दीर्घाह्वान मृत्यु का किया
बहुत फिर भी वह जिया :
जीवन भर आशा को दिया,–
हाँ, फिर भी क्या दिया!
–अरे वह काम न करना था
कि जिससे मरना मरना था।
यहाँ जिसने भी तरना था,
लूह का घूँट पिया!

कितना भारी साँसें ढोना
सपनों की–जीवन में–
अपनों की निश्वासें ढोना
जीवन में, प्रति क्षण में!
फिर भी वह बेकार जवानी
जो न गयी अपनी मनमानी,
जो न हुई अपनी दीवानी,-
अपनी अपनेपन में!

(1940)

ज्योति

उसके ओठों की सन्ध्याएँ
सहसा रक्तिम हो जल उठतीं,
लेकर मेरी सब आशाएँ,
फिर, आँखों में स्थिर हो ढलतीं।

अपने घर के बन्द करो दर :
चकाचौंध पैदा होती है
उसकी उज्ज्वलता से अन्दर
जहाँ सरल आत्मा सोती है।

तीक्ष्ण हास उसका, भरता है
मोती के सपनों से सारा
घर का वातावरण हमारा
—जो फिर आँखों में झरता है!

ओढ़ स्वप्न का मौन दुकूल
निद्रा में अपनापन सोता।
वह मुझको इस घर से खोता,
चुभा-चुभा जागृति के शूल।

आहत है मन, आहत जीवन
उसके चरणों की आभा से।
है आरक्त उसी सुषमा से
मेरा अन्तिम आत्मसमर्पण।

(1937)

प्राण बने आज एक गान

प्राण बने आज एक गान तुम्हें छलने को।
छविमयि छाया में भ्रमाया मैंने तुम्हें।
स्वप्न एक सत्य बनाया मैंने तुम्हें।
गान एक गाया मैंने आज तुम्हें छलने को।

हँसी-हँसी में बिखरे कुछ यूँ ही-से
आँसू, जो याद में निखरे यूँ ही-से
जीवन में आज बने गान तुम्हें छलने को।

मौन-वसना श्वेत मृत्यु-आह्वान में
एक ध्यान में बँधे प्रेम-निर्वाण में
प्राण बन गये एक गान तुम्हें छलने को।

(1939)

मेरा झूठा मान

मेरा झूठा मान;—
जाता है मेरे घर से मेहमान—
मेरा प्रेम
जिसको मेरा आधा जन्म दान—

आयेगी फिर शाम?
कोई लायेगा फिर मेरे नाम
मेरा प्रेम
पत्र, आधा जीवन जिसका दाम?

लेकिन मैं तो मौन
हो जाऊँगा;—खाली गीला पवन,
मेरा प्रेम;
गीत सुनाऊँगा,—समझेगा कौन?

(1939)

कहाँ हवा में तैर गये हैं कान

कहाँ हवा में तैर गये हैं कान,
डूब गये हैं अधर,
लीन हो गयीं बेसुध पलकें,
छूट गये हैं बाल,
ढीली खिसक गयी है कमर,
ठग-सा गया शरीर,
बिक-से भाव गये हैं कहाँ अमोल
हवा में?

जाने दो! फिर सींचो
रक्तिम आशाओं में अपना तन,
अपनी पलकों में सुरमा दो आज—अपने तम का,
भारी ओठों में भर दो अपना सब राग,
अपने कानों में लटका दो अपनेपन का
धूमिल कुंडल।
युग बीते बिसरे वे सुख-दुख
जिसमें अपना जन्म!

(1940)

मैंने मुँह फेर लिया

मैंने मुँह फेर लिया अपनी क़िस्मत से
जो बनी और बिगड़ी, जो बनी और बीती!
यह दुनिया है! इसकी परतीति?
मैं हूँ अपने सत् से।

गहरी है सागर सी, ऊँची है परबत-सी
कोमल है सपने-सी प्रीति।
आह मगर किसने यह औरों के सत्-सी जो
यह दुनिया जीती!

भरमा हूँ मैं अपनी लय, अपनी गत से।
भूली है दुनिया की नीति।
पर आज नहीं गिला मुझे अपनी क़िस्मत से।
मैं हूँ अपने सत् से।

(1938)

वह भी दिन एक था

वह भी दिन एक था
जब मैं धर वेश मौन दिवस का
        उठा था गम्भीर
        स्निग्ध, सरल, उज्ज्वल!

किन्तु आज
कलुष गहन करुण भाल
        है मेरे
        विनत वयस का!

(1938)

कर्म करो

प्रखर यह भाव!
जीवन से, चुप-चाप, मिटा कर
दीनता, दुराव,
कर्म करो निरन्तर :
प्रेम का स्वभाव।
भूखा है आत्म-सन्ताप!

अपने से डरो नहीं।
कर्म करो!
दर्प-दाप बचाकर,
जीवन में
कल्पना-जन्य मौन
आलस्य भरो नहीं।
कर्म करो।
कर्म की शक्ति का अनन्ततः
मानस लहरों में हो
ज्योति-फहराव।
अन्धकार वरो नहीं।
चमक उठे जीवन का अपनाव
प्रतिक्षण स्वतः।
कर्म करो, अतः
कर्म करो!

(1942)

बार-बार मन चाहता है

बार-बार मन चाहता है एकान्त।

बार-बार मन चाहता है इन
क्रूर, कठिन, भ्रान्त परिस्थितियों में
ले लूँ संन्यास।
करुँ मैं कठोर तप,
गहनतम अध्यात्म चिन्तन,
दीर्घ मौन व्रत आदि-आदि।
हुआ करे, हो यदि वह, अन्तरव्यापक-सी संकीर्णता!

मन के एकान्त में
तन के व्रत में
आह किन्तु किसे शान्ति मिली?
(घुला-मिला मुझे कहाँ देगी वह
महामान्य मानव की साँस में?)
मिली वह, कुरुक्षेत्र को महामुनी व्यास से मिली।
मिली वह, कुशीनगर में, बुद्ध को।
क्रास पर ईसा को मिली।
मिली-सी गान्धी को...आमरण उपवासों में, वह।
मृत्यु में मिली सभी जीवों को परम शान्ति—
किन्तु कहाँ जीवन में मिली वह?

रागी ने गाया—
दार्शनिक प्रेम-कला रूपमयी रमणी-संयोग ही अमृत!
एक वैज्ञानिक प्रयोक्ता कहीं गुनगुनाया—

एक अणु-प्राण ही
अखिल की गतिविधि!

प्रेमी ने विकल हो सुनाया—
युगों की समस्त-भाव-प्रतिमाएँ
तेरी ही चरण-धूलि की हैं प्रतिबिम्ब,
मानसआलोकमयी प्रेयसी!

नात्सी चिल्लाया—
एक महामानव की शक्ति ही
शान्ति-चिह्न!
क्रान्ति ने फिर दोहराया—
इनक़िलाब!
जीवन का बीज है
इनक़िलाब!

अद्भुत ये चिह्न, ये रक्तिम प्रतिबिम्ब,
जीवन के भूखे समरांगण के राग।
लय होना ही इनकी गति।
लय हो कर ही अपनी गति को समझूँगा
मैं भी इस प्रलय में!

(1942)

जब वह क्षण आयेगा

जब वह क्षण आयेगा
हरने मेरी सब निधि
करने मुझको सब विधि
अक्षम,
मैं सब कुछ हरूँगा नहीं :
आने वह क्षण पायेगा नहीं
विषधर-सम!

हे अहिगति के समान गतिधर,
काल! सबके विरुद्ध मतिधर,
बधिर फणित रूप प्रकम्पित कर,
जब आयेगा सर पर तू,
शनिःकुण्डले!
नाथ कर तुझे, हे शीतल तन,
मैं बजाऊँगा जीवन-राग
समस्त!

धरा ग्रहण करेगी तप, त्याग
शान्ति, प्रेम, सत्य, अहिंसा : जन
होंगे आश्वस्त!
सुखी हृदय होगा तब जन-समाज का
सब प्रकार!
कठिन कार्य है जो अब असंगत
अन्यायी राज का—
होगा तब पार!

(1942)

आज के दिन

संबल प्रतिक्षण में—
प्रति कर्म
प्रति मुख की याद लिये
है महान
मन में,
प्रतिक्षण में :—
एक वह पेड़—जो झुका—जो गिरा-सा खड़ा;
कटे बँधे—गट्टे बालियों के
भूरे भरे सोने के;
बालिकाएँ,
अति असुन्दर
किन्तु चपल-सबल;
बच्चे :
धूल के-से खिले बीज काले,
खुले फूल अनुपम;
धूप में हँसते
किरण-चिड़ियों-से मगन-मगन।
मैं स्वयं : ठगा दुनिया में
सभी पल,
रहा दुनिया में—सदा एकाकी
सभी का-सा :
सदा खोता-सा
सभी कुछ :
मैं स्वयं भी—
अति विचित्र विभव
आज के दिन।

(1941)

लहरें/शाम/वह नगर

लहरें। शाम। वह नगर।
पत्थर काले। बादल...
बैंगनी-सन्दली, भूरे,
सुर्मयी-सिन्दूरी–
धुले-साँवले,
पीले-गुलाबी से–ऊदे-काही
नीले-गहरे-से मटैले, भारी,
शान्त ढलते, नींद से भरे,
सपनों से बोझिल : धीर,
अपने
अन्त से विज्ञ। सन्तुष्ट।
सागर के पुत्र, मौन के संयमी।
पश्चिम-आरोही...वह पश्चिम...!
वह जिसका अर्थ
विवर्ण हँसी,
वह जिसका अर्थ
कृपण स्नेह,
वह जिसका अर्थ
क्रूर औदार्य,
वह जिसका अर्थ
बन्धन-आश्रय;
–वह जिसकी याद
अस्पृहणीय,
वह जिसकी याद
केवल कष्ट-प्रद, प्रिय-सी;

—वह जिसका घर
शाम,
वह जिसकी साँस
प्रस्तर स्वप्न,
वह जिसका वक्ष
प्राणों का भार;
वह जिसका मित्र
उसका अकेलापन,
वह जिसका सर्वस्व
उसकी आँखों का
खुलना बन्द होना और देख सकना :
कौन है?
क्या है?

(1942)

नव सूर्य

जय हो! जय हो!

करों की असंख्य ही सलीबें
काट एक-दूसरे को
आँखों के सम्मुख
उठती हैं फिर-फिर अति
मधुर-मदिर मधुर-मदिर
—जय हो! जय हो!

मेरे हे सूर्यखीष्ट!
हे अन्तिम
मानव करुणा अभीष्ट!
पृथ्वी के नायक स्वर,
कवि हे!
अनावरण गायक वर, जय हो!
जय हो!
जय हो!

(1942)

उठती हैं मतवाली

उठती हैं मतवाली लहरें
काली!
क्या जानूँ मैं क्या कहती हैं
क्यों मुझको घेरे रहती हैं
ये मतवाली लहरें काली काली!

मैंने कैसी नागन पाली
हर ली जिसने उर की लाली

अधर जिह्वा पल भौंह कपोल
चूम–लिये जीवनविष मोल

ऐसे विष जो व्याप गये हैं
रोम-रोम को शाप गये हैं

वह कुण्डली मार कर बैठी
साँस-साँस में लिपटी ऐंठी
अणु-अणु में वह नींद छा रही
जो समस्त भव को सुला रही

लहरें काली काली काली
क्यों मुझको घेरे रहती हैं
क्या जानूँ मैं क्या कहती हैं
ये उड़ती मतवाली लहरें
काली!

(1943)

बसती पार एक नारी प्रिय

बसती पार एक नारी प्रिय
ना, रे...
सपनों की बिनती-सी
बसती पार एक नारी प्रिय :
ना, रे...
वह निशि दिन
अंकों से मिलती...ना, रे!
धुल दिनमान गये हैं किसके
धुल दिनमान गये हैं...?
वेणी सी निज,
खोल अंग उभरे...लिपटती
प्रतिपल वह उर से, ना...ना, रे!

व्यर्थ विरह की पीर हृदय बनता है
हरती वह चंचला शान्ति जन्मों की :
व्यर्थ विरह की पीर...
बसती पार एक नारि प्रिय,
ना, रे...।

(1942 या '43)

ओ मा शक्ति

श्रीमती शि. प्रे. की स्मृति को श्रद्धासहित समर्पित

आबार आह्वान!

—रवीन्द्रनाथ

ओ मा शक्ति!
क्रोध में विशाल, शान्त
स्नेह में कृपण, कठोर मा!
निर्मम कर्तव्यनिष्ठ मा!
मा शक्ति!

—ऐन जब थका-हारा
भार से दबा झुका हुआ
गिर ही पड़ता हूँ मुँह के बल मैं,
सहता तू
विकल भींच भाव-ओष्ठ कठिन,
आ जाती सर पर ही :
अति असह्य पीड़ा-सी
विषम सघन गड़ती तू
थकी गर्म पलकों पर मेरी दयनीय!
विवश हार बन मेरी, छा जाती,
छा जाती
मेरे प्रतिक्षण के अति दुःखित मानस पर तू
ओ मा शक्ति!

तेरा ही पुत्र मैं, कठोर, मा

निर्मम कर्तव्यनिष्ठ बन,
देखता तुझे विषादहीन,
मौन कर्मलीन;
            प्रति गृह में :–
बन अभीष्ट तेरा तब
            छा जाता
अपने जीवन के प्रति पल के
कोलाहल पर दीर्घ मौन बन, मा,
मेरा कर्तव्यनिष्ठ मन!
कर्म के प्रसार में विलीन,
भीषण निर्ममता से दीन,
दीर्घ मर्म लिये मैं पवित्र
            सूत्र सा अतीत,–
सत्य आज भी नवीन
            शक्ति, मा,
जो भविष्य में भी प्राचीन
            ओ मा शक्ति!

(1943)

एक मुझी से मन खोल

कान खोल, मूँद पलक-दल,—काल
हरता है एक दीर्घ पल : गोल-मोल!

लहरों में खोने को मुझे रोल,
तरल तोम उठा झूम, घूम—क्यों?
जीवन के अन्तर में आज, बोल,
धूम मचायी तूने क्यों
—एक मुझे चुन, चूम!
रूठा दुनिया भर से तू मानो,
एक मुझी से मन खोल!!

(1943 या '44)

बोलो,–आकाश...क्यों मलिन

बोलो,–आकाश...क्यों मलिन? उदास
क्यों समस्त पक्षी?
सत्य...दीन, त्रस्त, मौन;
औ' असत्य साधु-सत्य-पक्षी!

डूबे आशाओं के पुलिन, पूत हास!
अस्थिर मन, चंचल मति, डगमग विश्वास-चरण;
समय-वृत्ति मानव जीवन का सौन्दर्य-हरण।
...हीन हुए अर्थ गौरव से; शब्द हुए संकुल।
शून्य हुई साँस; मान से विरक्त आज मनुज-सम्बल।

मौन ही विलास; मृत्यु मुक्ति!
सूनी है जीवन-पल-शुक्ति!
त्रास आज फूलों को देता है मधुमास!

क्यों उदास धरा...मौन?
क्यों प्रकाश मलिन? है उदास
क्यों समस्त सत्य, औ'
असत्य साधु-सत्य-भक्षी?
बोल, प्राण-पक्षी!

(1940)

लुटी–मीठी बाँसुरी की धुन

लुटी–मीठी बाँसुरी की धुन।
भूल सपनों की लिये बैठी
कौन चिलमन में
मौन रिमझिम की,
आँसुओं-लिपटी?
–फिर कहाँ वह मन-कली
ठुनकी, खिली, ठहरी, झुकी, मद-भार, अलसाई, गिरी,
खोई, कहीं सोई
मौन रिमझिम के
स्वप्न-चिलमन में
बाँसुरी की धुन-सरीखी
[सुनी-जानी दुखों की सखि-सी
आत्मा की
लुटी मीठी मौन ध्वनि सी।]

(1945)

तुम्हें तो

तुम्हें तो आसान था जाना कहीं भी,
कौन जाने :—
मैं ही दोषी था : तुम्हें उन्मुक्तता थी,
तुम जिसे चाहो, वरो; फिर क्यों ठहर कर
तुम्हें हेरा मौन अपनी ओर मैंने,
साध बाँधी समय के बिछुड़े हृदय से?
तुम, कि थीं उन्मुक्त वातायन हृदय की,
देखता था मैं तुम्हें अभिसार करते
स्वप्न के अपने भविष्यत् में, मधुरतम
स्वार्थ बनते प्रेम-जीवन का : मधुरिमे!
मैं, कि बन्दी भूल का था, प्रेम का था,
मौन का था,
देखता था तुम्हें आठों याम यों ही!

(1945)

गायें

गायें मैली, सफ़ेद, काली, भूरी।

पत्थर ढुलके पड़े। पेड़ स्थिर नीरव।

दो पहाड़ियाँ धूम-विनिर्मित, पावन।

(1943)

इन्दु विहान

पश्चिम पार
पीत गुलाबी नीरवता में
श्वेत श्याम घन डूबे,
भूल जगत की आकुलताएँ, डूबे...
करुण रात्रि की छाँह अगोर,
डूबे...डूबे...

मौन जलधर पार करते दूर देशों को
सघन कोमल शान्त जलधर
दूर पश्चिम देश

—नील-तन गिरि-श्रेणियों के उधर
झर रही है धूम-स्वर्णिम धूल...
ओढ़ श्याम दुकूल नभ से झाँकता है एक लोहित फूल।

मटिल नभ-तन हुआ।
पूर्व इन्दु-विहान...
घनों में छा-सा चला वह
क्षीण इन्दु-विहान।

(1943)

ऋतुओं के पार आज

ऋतुओं के पार आज
इसी वर्ष...प्रिये...!
सपनों के वायुयान
आशाओं भरे
लाते हैं जीवन में
केवल यह अरमान :
मैं—तुझे—मिलूँ!
अन्तिम-सा अश्रु साज
इसी वर्ष प्रिये, आज
ऋतुओं के पार!...

ठहरेगी रात और
स्थिर होगा प्रात और
क्षण-भर, जब इसी वर्ष
ऋतुओं के पार, प्रिये
मैं—तुझे—मिलूँ!

अपनी वे बातें आलस्य-भरी भुला;
सपनों की रातें रहस्य-भरी सुला;
मौन कर्म चिन्तन के
मर्म सकल मन के—बहला;
आऊँगा बन के वह पल-निकुंज
होगी तू जिसमें पिक-प्राण मंजु
उर के मधुपुर की—
ओ तान एक सुर की :

'मैं मिलूँ—तुझे—मिलूँ!'
खोल शृंखलाएँ अवरुद्ध प्रेम की तू
पूछेगी कितनों के कुशल-क्षेम की तू
....
भाव-से मन के अनकहे :
मैं लिये हुए उनके भी मानस की सौगन्ध
पहुँचूँगा निर्बन्ध
तेरी ही स्मिति का मधु पिये।

पूछेगी क्यों तू फिर
क्या-क्या सुख-दुख मैंने सहे :
मन तो होगा तब स्थिर—
किसे याद आयेगी,
जो भी सुख-दुख मैंने सहे!
केवल वह आँखों की प्यास
तुझको अपनाएगी
तेरी ही स्मिति का मधु पिये।

यही दिवस का है वह द्वार
कहीं;—मैं, जिसके पार,
बनके आकाश
पहुँचूँगा अपनी उर-अलका के पास!

(1943)

जीवन की कमान

ढीली इस जीवन की कमान
कसनी है,
छूटेंगे जिस पर कड़े प्राण
के तीर, जो कि
भेदेंगे सातों आसमान।

प्रत्यंचा है पत्थर सा दिल
—गुमसुम,
जन्मों जन्मों के स्वप्न कठिन
तरकश में हैं।
टंकार से उठेगा नभ हिल।

टूटेंगे अरि दल के पहाड़
के पहाड़,
जब जन-बल का सागर दहाड़
कर उठेगा,
करता विचूर्ण फ़ासिस्ट हाड़।

जनता के बल का महाबाण
शक्ति स्फुलिंग
जो मध्य युगों का परित्राण
कर छूटेगा
बन नव-युग का जलता प्रमाण।

(1943)

भारत की आरती

[15 अगस्त, 1947]

भारत की आरती
देश-देश की स्वतन्त्रता देवी
आज अमित प्रेम से उतारती।

निकट पूर्व, पूर्व, पूर्व दक्षिण में
जन-गण-मन इस अपूर्व शुभ क्षण में
गाते हैं– घर में हों, या रण में–
भारत की लोकतन्त्र भारती।

गर्व आज करता है एशिया
अरब, चीन, मिस्र, हिन्द-एशिया
उत्तर की लोक-संघ शक्तियाँ
युग-युग की आशाएँ वारतीं।

साम्राज्य पूँजी का क्षत होवे!
साधिकार जनता उन्नत होवे,
जो समाजवाद जय पुकारती!

जन का विश्वास ही हिमालय है;
भारत का जन-मन ही गंगा है;
हिन्द महासागर लोकाशय है;
यही शक्ति सत्य को उभारती।

यह किसान-कमकर की भूमि है :
पावन बलिदानों की भूमि है :
भव के अरमानों की भूमि है :
मानव इतिहास को सँवारती।

नशा

नशा वह बनेगा, और
उतेरगा नहीं
जो चढ़ेगा सरे-शाम से
याद के पैमानों में किसी के!
वह सरेगा नहीं
बिना पिये प्रेम में किसी के
सरंजाम से!
वह बढ़ेगा : मरेगा नहीं
वह नशा, वह नशे का दौर
एक क़तरे का नहीं।

[आलाप]
तू पिलाये जा, दूर से, साक़ी, हूँ मैं कलीम : कोहे-तूर से
तू जिलाये जा! साक़ी, मैं हूँ सलीम :—एक जहाँ ऐन नूर से
तू भुलाये जा, तू भुलाये जा! साक़ी, मैं हूँ शमीम—बू :
ढाल ढाल गुंचों में आलम के रूह तू! जन्नत की कौसर-तस्नीम तू :
भरे हुए यौवन में है बढ़कर हूर से तू! हाँ लुभाये जा—
हाँ मुझे तू भुलाये जा! प्रेम की अन्तिम अँधेरियों में, हाँ, मुझे
तू सुलाये जा! बार-बार ख़ाब में दूर-दूर से : खूब मुझे तू
पिलाये जा—छकाये जा! हाँ, छकाये जा! आह मुझे तू
वरग़लाये जा! जा...जा! आये-आये जा : जीवन में
एक धार याद की बन, तरसाये जा! ऐन-बैन अपनी-सी
आशाओं को मेरी, आहों के सुनसान में—प्यासरी आहों के
सुनसान में—लगातार—बरसाये जा! जा, आह, तू,
तू पिलाये जा!
—बादल का नहीं नशा यह!

अन्तर में बसा यह!
शाह-नशा यह!
कहाँ तक नहीं रसा यह!
प्रेम की शाश्वत आ...शा यह :
कहूँ? तुम-सा यह!

धरेगा नहीं यह सर
ग़ैर के आस्तान् पर!
वरेगा नहीं यह स्वर
दर्द की गदागरी का दर-दर!
एक आन, एक जाँ पर
मस्त, खुदसर!
एक नहीं, एक हाँ पर
इधर का उधर!

(1941)

शशि बक़ाया की याद में

[भारत सोवियत मैत्री संघ के एक प्रमुख कर्मठ सदस्य शशि बक़ाया की मृत्यु सन् 1946 में बम्बई के साम्प्रदायिक दंगों में ग्रस्त आहतों के लिए अपना रक्तदान करने के बाद हुई।—श.]

शशि की कर्म-ज्योत्स्ना की कोमल छायाएँ
आज हमारी स्मृति-मणियों में झलक रही हैं।

रागी जब होता उदास, पद होते मन्थर।

वह जिसकी स्मृति आज हुई है दुख में दृढ़तर
आशा का उल्लास जगाता मन में उठकर,
सामूहिक कर्मों में सुख का साम्यवाद वर।

साथी वह निर्भय निशंक शशि,
कर्मधीर संकोचशील कवि
क्रान्ति का मुखर गान लिये
मज़दूर-कृषक के पास निरन्तर
आशा का आह्वान लिये
आता, भरता उर में यह दृढ़ स्वर :—

"पराधीन मानव है जग में नौजवान मरते हैं जब तक!
साम्यवाद है स्वयं काल से
इसलिए संघर्ष कर रहा!
नाश कर रहा राहु-केतु का,
मानव-शशि को मुक्त कर रहा!
छीन अमरता का धन यम से

मृत्यु का बहिष्कार कर रहा!"

अन्धकार-संकीर्ण साम्प्रदायिक गलियों में
मृत्यु खेलती सट्टा जहाँ मनुज प्राणों से,—
मुक्त आज गुण्डों का राज!
डूब रही है जहाँ सभ्य भारत की लाज!

वहीं सौम्य मुस्कान लिये शशि, साम्यवाद का
गान मधुर निःशंक सुनाता कर्मराग में!
कर्मगुणी संकोचशील कवि साथी अपना
कम्युनिस्ट यमराज से वहाँ लड़ता-बढ़ता!

मानस में विज्ञान दृष्टि ले मार्क्सवाद की,
नव भारत उगते विहान को देख रहा है—
विश्व शान्ति का लेकर नया विधान पार्श्व में
मित्र सोवियत संघ नयी संस्कृति का लहराता निशान है!

(1946)

हमारे सिवा इनका रस कौन जाने!

वो अपनों की बातें, वो अपनों की ख़ू–बू[1]
हमारी ही हिन्दी, हमारी ही उर्दू!

ये कोयल-ओ-बुलबुल के मीठे तराने :
हमारे सिवा इनका रस कौन जाने!

(1946)

1. अपनों के से स्वभाव की गन्ध।

मर्क़ज़[1]

[एक बहुत ग़मगीन ख़त के जवाब में]

मर्क़ज़-दर्दे-जिगर लौट के फिर आयेगा
वर्ना मरना ही जिसे होगा...
—देख वो
मर्क़ज़े-दर्दे-जिगर
लौट के फिर लाया हयात[2]
क़वी[3] करने जज़्बात,[4]
जिनसे फिर मौत ने मुँह की खायी!
ज़िन्दगी लूटने आयी तुझको
क़हक़हे लेके वो ख़ुशियों से रुलाने आयी!

हम कि हस्ती के तरफ़दार रहे हैं अब तक
तुझसे जीने का ही इक़रार रहे हैं अब तक!
लो, कि आते हैं तुम्हें गीत सुनाने के लिए,
फिर से हँसते हुए फूलों में बसाने के लिए!
संग फिर रास रचाने के लिए!
नया त्योहार मनाने के लिए!

उठ, कि दुनिया की बहार
तुझपे होने को निसार
तेरी अगवानी को ख़ुद आयी है!
देख, वह कौन तेरे नाम की शैदाई है!

1. केन्द्र। 2. जीवन। 3. दृढ़। 4. भावनाएँ।

मर्कज़े-दर्दे-जिगर लौट के फिर आया है
मर्कज़े-दर्दे-जिगर वो, कि है खुद मरहमे-दर्द :
कुल्फ़तें[1] हिज्र[2] की सब जिससे हैं गर्द!

उठ, कि रक्साँ[3] है बहारे-मशरिक[4]!
बिल्-यक़ी[5] सुन मेरा क़ौले-सादिक़[6] :

हँस! लहर आने दे
खुशियों की
निगह अपनी!
ज़िन्दगी गोद है खुद
तेरी जगह में अपनी!
खुशअदा, जाग!
जगा राग नये!
खुशनसीबा,
तेरे सौभाग नये!!

1. कठिनाइयाँ। 2. वियोग। 3. नृत्य-निरत। 4. पूर्वदेश की बहार। 5. निश्चय के साथ।
6. सच्चा क़ौल, वचन।

मार्क्सवाद

[साथी श्री रमेश सिन्हा से]

आपने दिया
यह ख़याल :

मेरा माज़ी[1], हाल[2]।
मेरा दिल[3]
मेरा मुस्तक़बिल[4]।
मेरी जान
नज़्र के क़ाबिल[5]।

कुफ़्र[6] से लिया
ईमान[7]।

—यह ख़याल आपने दिया।

(1946 या '47)

---

1. भूतकाल; संस्कार। विगत संस्कारों का युग (जो वर्तमान के संस्कारों को जन्म देता है)। 2. वर्तमान। 3. दिल, निष्ठा, विश्वास, गहरी भावनाएँ। 4. भविष्य। 5. उत्सर्ग के योग्य। 6. नास्तिकता। यहाँ तात्पर्य—मिथ्या सामन्तवाद-पोषक मध्ययुगीन भटकाने वाले दर्शन। 7. सच्ची दृष्टि, 'आध्यात्मिक' परख; यहाँ तात्पर्य मार्क्सवादी दर्शन में आस्था से।

ग़ज़लें

ग़ज़ल

ये शोख़ चाल तेरी काफ़िराना मस्ताना!
किसी का ख़ाबो-ख़याले-शबाना[1] मस्ताना!

जो ख़ुद ही बहका हुआ हो, तो उस पे क्यों डाले
भला कोई निगहे-आशिक़ाना मस्ताना!

सुना चुका है मेरे कुंजे-आफ़ियत[2] में दिल
कलामे-शौक़ अजब वालेहाना[3] मस्ताना!

वो सरख़ुशी[4] का ज़माना था, क्या कहूँ तुझसे;
ख़ुदा को पूजता था मैं दिवाना मस्ताना!

नवाए-**असग़रो-इक़बाल**[5] पर फ़िदा था दिल;
नया था दर्द मेरा शाइराना मस्ताना!

सुना है मैंने **निराला** है सरमदी[6] आहंग[7];
कलामे-**पन्त** अजब राहिबाना[8] मस्ताना

सुने हैं दर्द-भरे गीत मैंने **बच्चन** के;
सुना है मैंने **सुमन** का तराना मस्ताना!

सुनी है मैंने तड़पती हुई **नरेन्द्र** की नज़्म[9] :
विसालो-हिज्र[10] का रंगीं फ़साना मस्ताना!

मेरी निगाह में फिरता है आज भी 'शमशेर'
शबाब[11] का वही काफ़िर ज़माना मस्ताना!

(1941)

---

1. सरस उन्मुक्त रात्रि की कल्पनाएँ और स्वप्न। 2. शान्त एकान्त। 3. उन्मत्त। 4. आनन्द-विभोरता। 5. सुप्रसिद्ध कवि 'असग़र' और 'इक़बाल' के स्वर। 6. शाश्वत, चिर-स्थायी। 7. नाद, गूँजता स्वर। 8. किसी पन्थ के गुरु का सा। 9. उर्दू में ग़ज़ल से इतर समस्त स्फुट काव्य को 'नज़्म' कहते हैं। 10. मिलन और विरह। 11. जवानी।

तीन शेर

लिखा है मुक़द्दर में, दर-दर की दुआ माँगो!
सय्यार्-ओ-मह्-ओ-मह् र्-ओ-अख़्तर[1] की दुआ माँगो!

इन्सान के पर्दे में रूठा है ख़ुदा हमसे
इस घर की दुआ माँगो, उस घर की दुआ माँगो!

फिर सुर्ख़ निशाँ बनकर, काँधे पे उठे तन कर
जो सर है हथेली पर उस सर की दुआ माँगो!

(1942)

1. सय्यार, मह, मह्र, अख़्तर–यथाक्रम : ग्रह, चन्द्रमा, सूर्य, तारा।

ग़ज़ल

ईमान गड़बड़ी में है दिल में हैं दिल के हिसाब में।
लिक्खा हुआ कुछ और मिला है किताब में!

दिल जिनमें ढूँढ़ता था कभी अपनी दास्ताँ
वो सुर्ख़ियाँ[1] कहाँ हैं मुहब्बत के बाब[2] में!

ए दिलनेवाज़! पहलू ही जब दिल के और हों,
क्या ख़िलवतों[3] में लुत्फ़, धरा क्या हिजाब में!

उस आस्ताँ[4] तक हमको बहारों में ले के जाओ,
जिस पर कोई शहीद हुआ हो शबाब में!

(1943)

1. शीर्षक। 2. सन्दर्भ, अध्याय। 3. एकान्त मिलने के अवसरों। 4. ड्योढ़ी, द्वार।

ग़ज़ल

मैं गया, आप क्यों हुए मग़मूम[1]?
ज़िन्दगी मौत से ही थी मौसूम[2]।
आप ही कल मेरा सहारा थे।
आपको आज और क्या मालूम!
मेरे उक़बा[3] से खेलने खेलने वाले
क्या हुआ वह मेरा दिल मरहूम?
है चमन की बहार ही गुलचीं[4]
ए कली दिल की, इस क़दर मत झूम!
आपकी याद मिट नहीं जाती...
यानी वह एक हस्तिए-मौहूम[5]!
आज तू उसके दर पे जा पहुँचा
आज तू अपने दिल का पत्थर चूम।
किस क़दर आपकी इनायत है
दर्द से भी आज दिल महरूम[6]।
आह वो दिल जिसे कोई समझा
मेरे पहलू में इक बुते-मासूस!
फिर फ़िज़ाओं को होश आने लगा
फिर उठी इक सदा-ए-नामालूम!
यह ख़याल इक गली किसी की है।
मैं कहाँ हूँ मुझे नहीं मालूम!
मैं कई बार मिट चुका हूँगा,
वर्ना इस ज़िन्दगी की इतनी धूम!

(1943)

---

1. उदास। 2. नाम पाने वाली। 3. परलोक। 4. फूल चुगने वाली। 5. मौहूम—न कुछ, न कुछ-सी हस्ती। 6. वंचित, रिक्त।

ग़ज़ल

अपने दिल का हाल, यारो, हम किसी से क्या कहें;
कोई भी ऐसा नहीं मिलता जिसे अपना कहें!

हो चुकी जब ख़त्म अपनी ज़िन्दगी की दास्ताँ,
उनकी फ़रमाइश हुई है, इसको दोबारा कहें।

आज इक ख़ामोश मातम-सा हमारे दिल में है :
ख़ाब के-से दिन हैं, वर्ना हम इसे जीना कहें।

यास,[1] दिल को बाँध! सर पर जल्द साया कर, जुनूँ।
दम नहीं इतना जो तुमसे साँस का धोका कहें!

देखकर आख़ीर वक़्त उनकी मुहब्बत की नज़र,
हमको याद आया वो कुछ कहना जिसे शिकवा कहें!

उसकी पुरहसरत निगाहें देखकर रह्म आ गया,
वर्ना जी में था कि हम भी हँस के दीवाना कहें।

क़ाफ़िले वालो, कहाँ जाते हो, सहरा की तरफ़!
आओ, बैठो, तुमसे हम मजनूँ का अफ़साना कहें!

मुश्कबू-ए-ज़ुल्फ़ उसकी, घेर ले जिस जा हमें,
दिल ये कहता है, उसी को अपना काशाना[2] कहें!

(1935)

1. निराशा। 2. घर।

ग़ज़ल*

अन्दाज़ा ही बहक न गया था निशाँ के पार
थी सैद[1] की निगाह भी तीरो-कमाँ के पार।

आज़ादियाँ हैं ख़ित्तए-वहम्-ओ-गुमाँ[2] के पार।
आओ बसायें एक जहाँ इस जहाँ के पार!

ख़ामोशिए दुआ हूँ, मुझे कुछ ख़बर नहीं :
जाती हैं क्या सदाएँ[3] तेरे आस्ताँ[4] के पार!

सात आसमान झुक के उठाते हैं किसके नाज़?
किसकी झलक-सी है चमने-कहकशाँ[5] के पार?

इतना उदास आपका दिल किसलिए हुआ?
हर दर्द की दवा है ज़मान्-ओ-मकाँ[6] के पार।

क़ायम महाज़[7] अम्न[8] के हिन्दोस्ताँ से हों।
फ़ौजें न जायँ सरहदे-हिन्दोस्ताँ के पार!

(1943)

---

* इस ग़ज़ल की ज़मीन स्वर्गीय श्री लछमीचन्द से सुने हुए इस मिस्रे से मिली थी : 'मेरी सदा पहुँच ही गयी आसमाँ के पार!'

1. शिकार। 2. भ्रम शंका और सन्देह का क्षेत्र। 3. आवाज़ें, स्वर। 4. ड्योढ़ी। 5. आकाश गंगा। 6. काल और स्थान। 7. मोर्चे। 8. शान्ति।

सीधे अपने पाठक से

[सन् 1949 में अप्रकाशित उदिता की भूमिका]

तो साहब यह ज़रूरी समझा गया कि मैं अपनी कविता के बारे में कुछ कहूँ। क्योंकि कहीं-कहीं जहाँ मेरे बारे में दिलचस्पी दिखाई गयी है यह ख़याल किया गया है कि मैंने कुछ नयी चीज़ें हिन्दी कविता को दी हैं। मुझे नहीं मालूम, दरअस्ल मुझे नहीं मालूम। उनमें कुछ नयापन-सा हो सकता हो शायद, मगर 'नया' नहीं। बाज मेरे दोस्तों को मेरी कुछ रचनाओं से लुफ़्फ़ उठाने में दिक़्क़त महसूस हुई है, जहाँ मैं समझता हूँ कि न होनी चाहिए थी या जितनी हुई उससे बहुत कम होना चाहिए थी। मैं ऐसा क्यों समझता हूँ, इस बारे में मैं कुछ कहना चाहता हूँ।

इस संग्रह[1] में मैंने अपनी अच्छी से अच्छी चीजें जो मैं पेश कर सकता था, अपने पाठकों की ख़िदमत में जमा की हैं। यह कह देना दुरुस्त होगा कि जब ये रचनाएँ लिखी गयीं, उस वक़्त मुझे किसी पाठक की दिक़्क़त का ख़याल नहीं था (जो कि अब मुझे रहने लगा है) सिवाय शायद अपने उस पाठक के जो मेरे हँसी-खुशी और दुख-दर्द की आवाज़ सुनता और समझता है—शायद उसी ख़याली पाठक के, जिसके सामने मैंने अपनी बातों को ख़ास अपने लहजे में, ख़ास अपने मन के रंग में, अपनी लय, अपने सुर में, खोलकर, एक ख़ाब की तरह, एक उलझी हुई याद के बहुत अपने छायाचित्र की तरह, रखने की कोशिश की है। कोशिश क्या—बल्कि बात को बस रख दिया है (मगर) अपने उसी पाठक के समझने के लिए।

---

1. 1949 का अप्रकाशित संग्रह जिसमें सन् 41 से 46 तक की कुछ कविताएँ संगृहीत थीं। संग्रह श्री जगदीश एम. ए. प्रकाशित कर रहे थे, और प्रेस में था; किन्तु दुर्घटनावश पाण्डुलिपि अप्राप्य हो गयी। यह भूमिका एक रफ़ पांडुलिपि से 'निकष' पत्रिका (इलाहाबाद, सन् 1956, सम्पादक डा. धर्मवीर भारती और श्री लक्ष्मीकान्त वर्मा) के लिए दुबारा तैयार की गयी थी।—श.

बात की पृष्ठभूमि

ख़ैर। आपने शामों की झुरपुट में, जब पच्छिम के मैले होते हुए लाल पीले बैंगनी रंग हर चीज़ को लपेटकर अपने गहरे मिले-जुले धुँधलके में खोने-सा लगते हैं—आपने क्या उस वक़्त कभी ध्यान दिया है कि कैसे हर चीज एक ही ख़ामोश राग में डूबने लगती है...? वक़्त के बहते हुए धारे में एक ठहराव-सा आता महसूस होता है...उस अजीब से शान्ति के क्षण में कहीं दूर उदासी की घंटी-सी बजती हुई सुनाई देती है।

अब मान लीजिए

अब मान लीजिए कि यह पृष्ठभूमि आप के दिल की किसी खास चोट की है, वह चोट साधारण है या असाधारण, इससे बहस नहीं : तो यह बताइये—यह सच है या नहीं कि वह सारी पृष्ठभूमि, सारा मंज़र आपके ही अन्दर के दबे हुए घाव-सा उभर उठेगा और चुपचाप मुमकिन है वह शाम आपको अपनी ज़िन्दगी का एक टुकड़ा लगे...अपनी ही ज़िन्दगी, जिसका फैलाव आप पश्चिम से पूरब तक और ज़मीन से आसमान तक—एक अपने बहुत प्यारे ख़याल की तरह देख रहे हैं, कि सीमा-हीन फैला हुआ चला गया है। आप अकेले किसी बटिया के मोड़ पर खड़े हुए देख रहे हैं।

कोई आपसे पूछे, आपने आख़िर क्या देखा वहाँ जो आप ऐसे बुत् से एक जगह जमकर खड़े रह गये?

—अरे कुछ नहीं, भइ, यों ही एक ख़याल-सा कुछ आ गया था...

जो कुछ देखा और पाया उसी की कविता

बस, इसी ख़याल के सुर ताल और रंग और नक़्श और लहर मेरी कविता हैं। वह फिर जैसी भी है।

मैं अपने आपसे बातें करता हूँ। हम सब एक न एक क्षण में करते हैं, बेमानी बातें—ख़ामख़यालियाँ—बे सिर-पैर के क़ुलाबेः—उनका कोई छन्द होता है? उस सब में कहाँ ठहराव और फैलाव—और थाप, और गिराव होता है? कहाँ स्टैंज़ा बनता और कहाँ पैरा...? हाँ, छन्द होता है, और ठहराव भी और ताल और सुर की चोटें और थाप और गिराव भी होता है। और स्टैंज़ा बनते और पैरे भी शुरू होते हैं।...लम्बे-लम्बे और छोटे-छोटे विरामों मौज़ूँ छन्दों में : जिनको हमारे दिल की लहर ही नाप सकती है और नापती ही है। (आप क़बूलें या न क़बूलें।)

वाह; तब तो इस कविता में कहीं गलती हो ही नहीं सकती! न शब्दों के चुनाव में, न दंदों की गति में, न रंगों के मेल में, न असर की सही धड़कन में!

ऐसी बात नहीं है। नहीं, अगर ऐसी कविता ख़ामख़ाह लिखी जाएगी, तो सभी तरह की ग़लतियाँ उसमें पैदा होंगी, और दरअस्ल कविता लिखी ही न जा सकेगी। अगर कविता (जिसे कहते हैं) "जीवन से फूटकर" निकलती है, तो उसमें जीवन की सारी बेताज उलझनें और आशाएँ और शंकाएँ और कोशिशें और हिम्मतें कवि के अन्दर की पूरी ईमानदारी के साथ अपने सरगम के पूरे बोल बजाने लगेंगी।

क्यों साहब, वैसे ही अजीब तरह से, जैसे आपकी कविता में, शमशेर साहब?

तीन वजहें

अजीब तरह कुछ नहीं है। शमशेर साहब अव्वल तो शागिर्द निराला के हैं।—वह अस्ल में निराला और पन्त की ही टेकनीक का ज़रा ख़ास ढंग से 'निखारा' और 'आगे बढ़ाया हुआ' रूप है। हाँ, और कुछ अंग्रेज़ी से भी ख़ोशा-चीनी की गयी है। **वस्तुगत प्रयोग** और **रूपगत प्रयोग** दोनों—जो कि हर अच्छी रचना में अन्योन्याश्रित रूप से ही सफल होते हैं— के यथासम्भव निर्दोष शिल्प के उच्चतम स्तर पर आज भी मेरा उतनी ही कठोरता से आग्रह है (कम से कम अपने लिए : हाँ, सिद्धान्त-रूप में ही सही!) जितना पहले था। बल्कि अधिक ही है[1]। —सन् 1956

दूसरे, मौजूदा **अंग्रेज़ी कविता के टेकनीक को**—जिसकी हिस्ट्री बुनियादी तौर पर इलियट, पाउंड, कमिंग्स, एडिथ सिटवेल, ऑडेन, डायलन टामस वग़ैरह ने बनायी है—जिनको वह हज़रत इधर-उधर से ही जानते हैं— कविता की भाषा के लिए, जो आज हमारे मिडिल क्लास जीवन का चर्बा उतारना चाहती हैं, बहुत स्वाभाविक, मुनासिब और मौज़ूँ समझते हैं; और अपनी समझ से कामयाब और पुरअसर भी।

---

1. यह ज़रूर है कि मैं शायद अब उस सीमा तक निर्मम मार्क्सवादी आलोचनात्मक दृष्टिकोण को नहीं अपनाता, जिस सीमा तक कि...मसलन, मोटे तौर पर, 'टूटी हुई, बिखरी हुई' कवि के (पिछले साल) प्रकाशित होने से पहले तक...अपनाता था। अब एक हद तक अपने आपको बख़्श ही देता हूँ, चलो ठीक है म्याँ, कोशिश किये जाओ! अब यद्यपि अपने कवि के प्रति पहले से अधिक आश्वस्त हूँ, पर इस 'आश्वस्तता' की जड़ मैंने अच्छी तरह से अभी टटोली नहीं है, कि वास्तव में यह कहाँ से पैदा हुई और क्या है और ध्यान आया कि यह इतनी महत्त्वपूर्ण है कि इसकी जाँच करूँ।

—सन् 1956 का फ़ुटनोट

तीसरी वजह एक और है। शमशेर साहब की कविता सच पूछिए तो मजबूरी और लाचारी की कविता है! (सच-सच कहा जाय तो लोगों को यकीन न आएगा :–) विचारों को हिन्दी की परम्परा से वाक़फ़ीयत कम है, और संस्कृत बिल्कुल जानते नहीं। सिर्फ़ अपनी ज़बान से प्यार है, कहते हैं। (या शायद प्यार होने का घमंड है। आखिर उनके घर की, प्रान्त की ज़बान है खड़ी बोली)[1] इसलिए ठेठ अपने बोलचाल के लहजे में–हाँ पंडिताऊ शब्दों का पुट फिर भी आ ही गया है इधर-उधर–और बिला तकल्लुफ़ अपने मन की मौज में बहकर अपनी भाषा का अपने भावों के साँचे में ढालकर इस्तेमाल किया है। आँखों में जो बसा, कानों में जो समाया और दिल में जो रम गया, उसी को झलकाया, उसी को गुनगुनाया, उसी को उजागर किया : जहाँ तक अपने बस में था। अपने बस में बहुत नहीं था–वह आर्ट; यह सही है।

ऐसी कविता की क़ीमत क्या है!

अनोखी और अजीब और नयी चीजें जरूरी नहीं कि बेशकीमती भी हों। वह परखने पर हलकी और घटिया, बल्कि सुबह-शाम बासी भी हो सकती हैं– एकदम बासी। कविता हो चाहे कढ़ी, कला की मूर्ति हो चाहे कोई बूझ-बुझौवल या पहेली।

और जो सबक़ या सवाल या गत या राजनीति का मसला या कोई योगक्रिया की सिद्धि या जागते जीवन में कला की पहचान गूढ़ या मुश्किल हो, वह जरूरी नहीं कि बेमानी और बेमसरफ़ ही हो, सिरे से!–या आख़िर में कुछ भी आनन्द देने वाली साबित न हो।

कला में नयी पहचान

नयी टक्करों से बहुत-सी दोस्तियाँ भी क़ायम हुई हैं। ऐसी दोस्तियाँ जो कलाकार और उसके पाठक के बीच क़ायम हो जाती हैं। गो उन्हें शुरू में कुछ अर्सा लगा है। और ज़रूरी नहीं कि वह बहुत गहरी हों, वह नयी लगावटें। हाँ सच्ची हों यह शर्त है।

इन्क़लाब और यह कविता

इस कविता में जो कमजोरियाँ हैं, वह चरित्र की हैं। यानी कवि के चरित्र की। मध्य-वर्ग का कैरेक्टर हैं। और फिर आज का, नया, भी नहीं। ज़रा पिछला है।–(आज की साम्प्रदायिक भावना के उभारों को देखकर तो इसे

1. 'हम भी इक अपनी हवा बाँधते हैं'–ग़ालिब।

बहरहाल ग़नीमत ही समझता हूँ; जैसा भी है यह)—यानी, जो हिन्दी कविता में छायावाद के बाद आनेवाला, नरेन्द्र और बच्चन के 'अभाव' और सोशल घुटन; और एक हद तक पलायन के अलावा ज़िन्दगी का कुछ ज़ियादा टूटा-फूटापन और उखड़ा हुआ बहाव-सा लिए हुए है। उस बिचले तबक़े की ज़िन्दगी के भँवर—ख़ामोश, तेज होते हुए भँवर के चक्कर इस और ऐसी कविता में मिलेंगे जिससे निकलने के लिए एक तिनके का सहारा सिर्फ़ सोशलिज़्म ही आड़े आया। जी, वही **प्रगतिवाद का आन्दोलन।** जो कि दरअस्ल आज की ज़िन्दगी की सच्ची परख का आन्दोलन है; कला को जिन्दगी की गहरी नींवों पर ऊपर उठाने का आन्दोलन है। वह गहरी नींवें मार्क्सवाद के विज्ञान की हैं। (वह चीज़ जो कि वास्तव में मेरी कविता में आते-आते भी नहीं आ पायी है।)

समाज के विज्ञान की नींवें

इन गहरी नींवों के ऩक्शे पर जो फ़सीलें उठ रही हैं, जो इमारत उभरती आ रही है, उसी पर दुनिया की आँखें लगी हुई हैं। ईंट और गारे के रंग में चमकते हुए मज़दूरों के जिस्म पूँजी की बेरहम चिलचिलाती धूप में चिंउटों की फ़ौज की तरह जुटे हुए।

आगे का कलाकार मेहनतकश की ओर देखता है।

यह भविष्य का नया घर इन्हीं मेहनतियों का होगा। इन्हीं लाल गोरे काले पीले सुखी आज़ाद इन्सानों का होगा, जिनकी दुनिया-भर में एक बिरादरी है; जिनके एके से ''मानवतावाद'' का झूठा भटई राग अलापने वाले दिल में घबराते हैं। (मैं इन मेहनतकशों का कवि वस्तुतः बन नहीं सका। अपने वर्ग के संस्कारों का दोष।)

पूँजी के साझेदार, कला के पुजारी

''विश्व-मानव'' की इस नयी, सुन्दर, शिव और सच्ची एकता का अमर मन्त्र कला के उन पुजारियों को अच्छा नहीं लगता, जो अपने बुनियादी हक़ों के लिए सीना अड़ा कर लड़ने वाले मानव की इस पुकार से चिढ़ते हैं कि 'दुनिया के मज़दूरो, एक हो जाओ!' जो मज़दूर की उस सच्ची परिभाषा का विरोध करते हुए भी—जिसमें यह कहा गया है कि "अगर मैं एक क्षण के लिए भी कर्म करना बन्द कर दूँ तो यह सारे विश्व का जीवन ही रुक जाय।"—अपने आपको उस सोलह कलाओं वाले अवतारी देव-पुरुष का परम आस्तिक भगत समझते हैं, जिसने कर्म करने वाले को ही ज़िन्दा रहने का हक़

दिया है।...क्या ख़ूब स्थिति है!

संस्कृति का मतलब

हमारी संस्कृति ज़िन्दगी के हर मोड़ पर अगर हमारा साथ नहीं दे सकती, हमारी आँखों को आगे का रास्ता पहचानने की रोशनी और दुनिया के कोने-कोने तक ज्ञान और वैभव और प्रेम के जनतन्त्र, डेमोक्रेसी, का भोग करने की शक्ति हमसे छीनने लगती है, तो समझ लीजिए हमारे पुरखों का सत् हमारे ख़ून से निकल गया, और यक़ीन कीजिए कि हम अपनी सन्तान को उन नीचाइयों में पीछे ढकेल देना चाहते हैं, जिनसे उठकर हमारे पुरखे ऊपर आये थे।

अमरीकावादी पुराण-पन्थी और जनता के धर्मयुद्ध का कलाकार

आज जो विराट संघर्ष संसार भर में चल रहा है, कलाकार—हर सच्चा कलाकार—आदि अमर जनशक्ति के उस विराट-रूप का दर्शन कर रहा है जिसके जबड़ों में आज के हजारों दुर्योधन और उनके सहायक अनगिनती कर्ण और भीम और उनके बल पर कूदने वाली भारी-भारी अक्षौहिणी सेनाएँ (चाहे वह चीन में हों या तुर्की और यूनान में), और एटमबम के खोखले धड़ाके—सब पुरानी ख़ुदग़रजी भरी डींगों के साथ ख़त्म हो रहे हैं। सब जगह ख़त्म हो रहे हैं।

"अर्जुन, जिनको तू अपने सामने गर्जन करता हुआ देखता है, उनका नाश तो पहले ही हो चुका है। आँखें खोलकर देख, इतिहास कहाँ से कहाँ पहुँच चुका है। दुनिया-भर में एक समान सुखी मज़दूर-किसान का राज है।"

आज की ज़िन्दा कला का मतलब

पुरानी संस्कृति का आज के जीवन में जो ज़िन्दा मतलब है वह यही है, वर्ना कुछ नहीं है। इस सच्चे मतलब को ढँकने वाली कला एक झूठा आडम्बर है; वह ऊपर से पहली नजर में चाहे जितनी खूबसूरत और मोहक लगे।

मगर यह बहुत ऊँचा, अगर्चे ऐन मुमकिन, और बहुत आनन्द और सुख देने वाला सपना है; जिसको नया कलाकार जीवन से, उसकी आन-बान और उसकी गरिमा के अन्दर से एक जौहर की तरह अपनी वाणी में खींचना चाहता है और अपनी साधना और शक्ति के अनुसार खींचता भी है।...वह क्या खींचता है, स्वयं आन्दोलित मानव की हलचल उसकी बाँसुरी में अपनी यह दिव्य साँस फूँकती है।

यही काव्य-लोक है नये कवि के आगे।[1]

अपनी पोल और छोटापन

मैं इसी काव्य के समन्दर के किनारे पर खड़ा हुआ अपने आपको पाता हूँ। यहाँ तक आने में जो राहें अब तक तय कर आया हूँ वह चाहे जैसी ऊबड़-खाबड़ रही हैं, और बाज़-बाज़ जगह ग़लत मोड़ लेकर घूमी हैं, और चक्करदार अँधेरों से होकर गुज़री हैं, उन राहों की धूल और गर्द में लिपटे हुए ख़ाके कुछ ये आपके सामने हैं।

व्यंजना की परोक्षता।–जी!

इन ख़ाकों में कुछ हैं जो महज़ इशारे हैं। जिनमें व्यंजना की परोक्षता ही केवल व्यक्त हुई है। जैसे रेखागणित की शक्लें होती हैं। उनका 'शाब्दिक अर्थ' कुछ नहीं है। मुमकिन है ऐसी कविताएँ बहुत मुद्दत बाद 'समझ में आयें। मगर कुछ पाठकों के दिल को ये अपनी तरफ़ जरूर खींचेगी, मुझे पूरा यक़ीन है।

खिंचाव और पर्दे

इनके इस खिंचाव में ही इनकी कविता छिपी हुई है, शाब्दिक अर्थों में नहीं। शाब्दिक अर्थ सिर्फ़ इशारों के हलकें पर्दे हैं। क्योंकि बाज़ दफ़ा हमें अपने जी का हाल सिर्फ़ इशारों की उलझी हुई दुनिया-सा लगता है। अक्सर नहीं पता लगता कि आख़िर वह चाहता क्या होगा, वह अनमन सा क्यों है।

---

1. आधारभूत रूप से मेरा सामान्य दृष्टिकोण और मत अब भी बिल्कुल यही है। मगर छोटी-छोटी बहुत-सी बातों में मैं अब कुछ दूसरी तरह सोचने लगा हूँ। भाषा की ऐतिहासिक प्रवृत्ति को देखते हुए यह सचमुच 'प्रयोग' का युग है : भाषा तेज़ी से अपने को बदलने के लिए नये मजबूत साँचों की तलाश कर रही है। उसी की सरगर्मी का युग है यह। एक बड़ी भारी इमारत खड़ी करने के लिए एक बड़ी भारी ज़मीन साफ़ की जा रही है। मलवा हटाया जा रहा है। नयी 'भाषा' और नये साहित्य का निर्माण-कार्य शुरू हो गया है। यह उसी का व्यापक शोर है। इस पूरे सीन का पर्यवेक्षण करते हुए सहसा यही मुँह से निकलता है–

आँख जो कुछ देखती है लब पे आ सकता नहीं।
मरवे-हैरत हूँ कि दुनिया क्या से क्या हो जायगी!

इक़बाल के गुरु ग़ालिब की उक्ति याद आती है, और बरबस याद आती है।

"हुई मुद्दत कि ''ग़ालिब' मर गया, पर याद आता है–
वो हर एक बात पर कहना कि यों होता तो क्या होता।"

यही प्रयोग की गहरी, और सच्ची स्पिरिट है।–लेखक, 1956

उसके दुख या सुख या बेचैनी या ख़ामोशी को, या खुशी या उम्मीद को, अगर मूर्त रूप में लगभग ज्यों का त्यों प्रकट किया जाय...उस तरह नहीं जिस तरह उपन्यास में क़ोशिश की जाती है, या जिस तरह संगीत की लय में, अलाप में हमको मिलती है।

यह कला! (आप इसे कहाँ तक समझेंगे!!)

बल्कि—उपन्यास और संगीत, कुछ दोनों के गुण लेकर (ज़िन्दगी के उस खास क्षण के अक्स में वह आ ही जायेंगे) ऐसे शब्दों में उन्हें रख दिया जाय, जो अन्दर ही अन्दर उमड़ते-घुमड़ते हुए राग के बोल की तरह आप ही आप फूट पड़ते हों : जो कमल नाल की तरह चेतना की सतह को छूने के लिए ऊपर उभर कर आने को मजबूर हों और अपने प्राणों की ज़िद के साथ खिल पड़ते हों, और आप फौरन उन शब्दों को (जिस भी "लय" या "गति" या अपने "छन्द" में बँधकर वह आये हैं) उसी तरह रख देते हैं—तो इस रूप को आप कहाँ तक अपनी समझ से दूर समझेंगे? और उसे अगर आप 'समझ लेंगे' तो क्या समझा भी सकेंगे?—

ज़रा सँभलकर

मैं मानता हूँ कि हमें (यानी अव्वल तो कवियों को ही) अपने इमकान-भर ऐसी कविता से आम तौर पर बचना चाहिए। क्योंकि, सब कुछ होते हुए, आख़िर तो एक उलझन वाली चीज़ ही ठहरती है यह। अन्तश्चेतना के बुदबुदों के इन कमलों को अन्दर ही अन्दर खिलने देकर, जब तक हमारी चेतन बुद्धि की रोशनी में वह अच्छी तरह खिलकर अपनी पूरी खुशबू न देने लगें, हमें उन भावनाओं की और ज़ियादा एहतियात से परवरिश करनी चाहिए। उनकी अपनी, अजीब अछूती लय और छन्द भी जब तक एक सधी हुई ताल के साथ अपने आप खुलकर न बोलने लगें, हमें उनके मोह से बचना चाहिए।

बहरहाल, मैंने इस संग्रह में ऐसी कविताओं में से सिर्फ़ उन्हीं को रखा है जिनमें इशारों के रंग और टोन काफ़ी गहरी मजबूरी के साथ जाहिर हुए हैं; गो कहीं-कहीं यह कुछ अटपटे भी क्यों न लगते हों। और इसी संग्रह से कई पाठकों पर यह भी साबित हो जायेगा, शायद, कि मैंने बग़ैर अपना स्वाभाविक अन्दाज़ और लहजा छोड़े हुए, धीरे-धीरे अपनी कविता को ज़ियादा ठोस बनाने की कोशिश की है।

कला की कोशिश का असली मैदान

यह कोशिश असल में ज़िन्दगी को समाजी संघर्ष के मैदान में ले जाने पर ही कामयाब हो सकती है। क्योंकि यह कोशिश उस दौर की ऐतिहासिक कोशिश है, जिसमें मैं पैदा हुआ हूँ।...इसलिए पाठकों को इस क़िस्म की कविता को, जैसी इस संग्रह में हैं, ज़रा-सी हमदर्दी के साथ तो जरूर पढ़ना चाहिए (इसलिए कि वह एक खास दौर का आईना है। चाहे जैसा धुँधला या टेढ़ा-मेढ़ा और बुरा भी यह हो, इससे बहस नहीं) मगर उसको एक हद से आगे बहुत ज़ियादा पसन्द के क़ाबिल नहीं समझना चाहिए।...(अगर्चे मुझे डर है कि बूर्ज़ुआ तबक़े का एक ख़ास गिरोह कुदरती तौर से इसकी तरफ़ झुकेगा—अगर ज़माना न बदला तो!)... क्योंकि इस किस्म की कविता की असली पृष्ठभूमि घुटन और नाउम्मीदी और कर्मठ दुनिया से दूर भागने की पृष्ठभूमि है। हाँ यह गनीमत है कि मुझ-जैसे जो दो-चार और अजीबो-ग़रीब कवि हिन्दी में हैं, वह क़रीब-क़रीब सब जीवन के मौजूदा संघर्षों में जहाँ तक मुमकिन है हिस्सा लेना अपनी कला और अपने समाज की ज़िन्दगी की भलाई के लिए ज़रूरी समझते हैं। दरअस्ल उनसे अधिक इसका श्रेय खुद उस समाजी ज़िन्दगी को है जो अपनी तमाम उलझनों से नजात पाने के लिए तेज़ी के साथ इस युग की काया-पलट कर रही है।

इसीलिए लोक-गीत, लोक-कला और आम बोलचाल के लहजे और संघर्ष के ज़िन्दा ड्रामे और समाजवादी दृष्टिकोण, सब मिलजुलकर अब कविता में आते हैं—अगर्चे इनमें से बहुत थोड़ी कविताएँ ही सच्ची और सुन्दर कविताएँ होती या हो पाती हैं। यों कला के इन नये मोड़ों पर आने से बहुत कम कवि बच सके हैं, नये हों या पुराने। लेकिन नये कवियों के लिए और उनके पाठकों के लिए तो इसकी माँग ख़ुद जिन्दगी की ही माँग है, जिसको पूरा करने की कोशिश में, अपने-अपने दम ख़म के हिसाब से, हममें से हर कोई लगा हुआ है।

❑❑